100 personajes que hicieron historia

Conoce a quienes forjaron el mundo moderno

**Londres, Nueva York,
Melbourne, Múnich y Delhi**

Editora en jefe Jenny Sich
Editor de arte en jefe Stefan Podhorodecki

Editor de proyecto Ashwin Khurana
Diseñador Hoa Luc

Editores Matilda Gollon, James Mitchem, Jessamy Wood
ADiseñadores adjuntos Angela Ball, Dave Ball

Gerente editorial Linda Esposito
Gerente editorial de arte Diane Peyton Jones
Editora de categoría Laura Buller

Director editorial Jonathan Metcalf
Subdirectora editorial Liz Wheeler
Director de arte Phil Ormerod

Editora de forro Manisha Majithia
Diseñadora de forro Yumiko Tahata
Gerente de desarrollo de diseño Sophia M. Tampakopoulos Turner

Investigador de imágenes Rob Nunn
Bibliotecaria de imágenes DK Romaine Werblow
Editor de producción John Goldsmid
Jefe de control de producción Angela Graef

Traducción al español Carolina Alvarado

Copyright © 2012 Dorling Kindersley Limited
Una compañía de Penguin

Primera edición en México, enero 2013

Edición exclusiva en español para México
Ediciones B México S.A. de C.V.
EDICIONES B

ISBN: 978-607-480-492-8

La British Library tiene disponible un catálogo CIP de este libro.

Flujo de trabajo de alta resolución revisado por MDP, Reino Unido
Impreso y encuadernado por Hung Hing, Hong Kong, China

Descubre más en
www.dk.com

100
personajes
que hicieron
historia

Conoce a quienes
forjaron el mundo
moderno

Escrito por Ben Gilliland
Consultor Philip Parker

Contenido

6 Exploradores intrépidos

8   Marco Polo
9   Ibn Battuta
10 Cristóbal Colón
12 Galileo Galilei
14 Isaac Newton
16 Dimitri Mendeleiev
18 Charles Darwin
20 Maravillas médicas
    Edward Jenner
    Louis Pasteur
    Joseph Lister
    Wilhelm Roentgen
    Alexander Fleming
22 Albert Einstein
24 María Curie
25 Ernest Rutherford
26 Watson y Crick
28 Mary Anning
29 Mary Leakey

30 Inventores inspiradores

32 Cai Lun
33 Johann Gutenberg
34 James Watt
36 Alessandro Volta
37 Michael Faraday
38 Inventos cotidianos
    Charles Goodyear
    Levi Strauss
    George Eastman
    Wallace Carothers
40 Alexander Graham Bell
41 Tomás Edison
42 Alfred Nobel
44 Comida fácil
    Peter Durand
    Clarence Birdseye
    Percy Spencer
    Ray Kroc
46 Guglielmo Marconi
47 John Logie Baird
48 Los hermanos Wright
50 Henry Ford
52 Steve Jobs y
    Steve Wozniak
54 Tim Berners-Lee
55 Mark Zuckerberg

56 Sabios sobresalientes

58 Confucio
60 Aristóteles
62 Karl Marx
63 Sigmund Freud
64 Mary Seacole
65 Madre Teresa
66 Juana de Arco
68 Martin Luther King
70 Líderes religiosos
    Buda Gautama
    Jesús
    Mohamed
    Gurú Nanak
72 Emmeline Pankhurst
74 Eleanor Roosevelt
75 Aung san suu Kyi
76 Jane Goodall

78 Líderes ilustres

80 Alejandro Magno

82 César Augusto

84 Carlomagno

86 Reinas geniales
Hatshepsut
Cleopatra
María Teresa
Catalina la Grande
Reina Victoria

88 Gengis Kan

90 Saladino

92 Martín Lutero

94 Arriba la revolución
Maximiliano Robespierre
Simón Bolívar
Vladimir Lenin
Mao Zedong
Fidel Castro

96 Napoleón Bonaparte

98 George Washington

100 Mahatma Gandhi

102 Deng Xiaoping

103 Mijaíl Gorbachov

104 Nelson Mandela

106 Creadores creativos

108 Escritores modelo
William Shakespeare
Voltaire
Aleksander Pushkin
Lu Xun
Virginia Woolf

110 Thomas Cook

112 Walt Disney

114 Galería de artistas
Leonardo da Vinci
Augusto Rodin
Vincent van Gogh
Pablo Picasso
Frida Kahlo

116 Coco Chanel

117 David Ogilvy

118 Ole Kirk Kristiansen

120 Músicos
Johann Sebastian Bach
Wolfgang Amadeus Mozart
Peter Ilyich Chaikovsky
Ali Akbar Khan
Toru Takemitsu

122 Elvis Presley

124 Aplaudamos...
Estas personas que hicieron historia en la Gran Bretaña

126 Glosario

127 Índice

128 Agradecimientos

Exploradores

intrépidos

Hay exploradores audaces que se adentran con valor a lugares donde nadie ha ido jamás, navegando en altamar y descubriendo nuevas tierras. También están los de estilo más hogareño, que trabajan en laboratorios y —¡eureka!—, descubren algo que salva millones de vidas. Detrás de cada gran descubrimiento hay una persona notable, cuyo valor y determinación, y a veces simple suerte, han hecho del mundo actual lo que es.

Todo sobre mí

- **NACIMIENTO:** 1254
- **MUERTE:** 1324
- **NACIONALIDAD:** Italiano
- **DATO CURIOSO:** Viajé más de 4000 km.
- **EN RESUMEN:** Mi padre y mi tío iban a China a comerciar con joyas y conocieron al gobernante mongol.

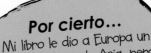

Por cierto...
Mi libro le dio a Europa un primer vistazo de Asia, pero muchos no me creyeron y dijeron que eran mentiras.

Marco Polo

El hombre cuyo viaje excepcional acercó el LEJANO ORIENTE a Europa

Emprende el viaje

Cuando Marco tenía 17 años, acompañó a su padre y tío en su viaje de **ida a China** (ver línea morada en el mapa). Pasaron 17 años en la corte del gobernante mongol de China, *Kublai Kan*. Le agradó Marco y lo hizo diplomático y después **GOBERNADOR** de la ciudad de Yangzhou.

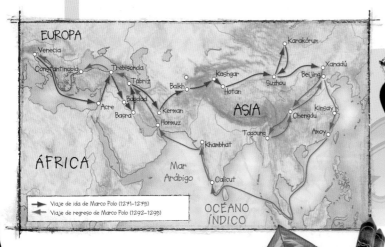

EUROPA
Venecia
Constantinopla
Trebisonda
Karakórum
Tábriz
Kashgar
Xanadú
Balkh
Suzhou
Beijing
Acre
Bagdad
Hotan
Basra
Kerman
ASIA
Kinsay
Hormuz
Chengdu
Khambhat
Tagoung
Amoy
ÁFRICA
Mar Arábigo
Calicut
OCÉANO ÍNDICO

➤ Viaje de ida de Marco Polo (1271–1275)
➤ Viaje de regreso de Marco Polo (1292–1295)

Marco llevó a Europa el primer cometa de China.

También introdujo a Europa el poder de la pólvora.

Regreso a Venecia

A Kan le agradó tanto Marco que, aunque su familia solicitó irse, **se los prohibió**. Por suerte, en 1292 le enconmendaron a su familia escoltar a la princesa mongola a Persia (actual Irán). Aprovecharon la oportunidad, **ESCAPARON** y regresaron a casa tras 24 años de ausensia (ver línea rosa del mapa). Marco escribió un libro sobre sus aventuras: *Los viajes de Marco Polo*.

Todo sobre mí

- **NACIMIENTO:** 1304
- **MUERTE:** 1368
- **NACIONALIDAD:** Marroquí
- **DATO CURIOSO:** En mis aventuras recorrí más de 121 000 km.
- **EN RESUMEN:** Mi familia era de eruditos ricos. A los 21 años hice un "haj", o peregrinación a la Meca (actual Arabia Saudí), la ciudad más sagrada del Islam.

Adicto a los viajes

El viaje de Battuta a la Meca lo llevó a lo largo de la costa norte de África, a través de Egipto y el Medio Oriente (cada color en el mapa muestra una etapa distinta de su viaje). En el camino **LO ATACARON BANDIDOS**, enfermó e incluso se casó. A pesar de que tardó *16 meses en llegar a la Meca* decidió que no había viajado lo suficiente, así que emprendió **más aventuras**.

Saltarín de países

Battuta viajó a Mesopotamia (actual Irak) y después a Persia (Irán) antes de regresar a la Meca donde pasó **un año recuperándose de diarrea**. A lo largo de los siguientes **26 AÑOS** viajó a la India, Anatolia, el Mar Negro, el Mar Caspio, Afganistán, China y Tombuctú. *Cuando al fin regresó a casa* en 1354, escribió un libro, el *Rihla*, que significa "El viaje" en árabe.

Por cierto... Nunca repetí una ruta, excepto a la Meca. Cuando escribí mi libro, mucha gente pensó que mis aventuras no podían ser ciertas.

Ibn Battuta
El estudioso islámico que no podía dejar de VIAJAR

Cristóbal Colón es conocido como "el hombre que descubrió América" aunque en realidad, ¡no sabía lo que había descubierto!

Cristóbal Colón

El EXPLORADOR que se tropezó con el Nuevo Mundo

Con el viento en las velas

Cristóbal Colón nació en 1451 en Génova, Italia. Desde la **adolescencia** navegaba en altamar y, tras mucho viajar, se estableció en Portugal. Intrigado por la oferta de *especias y oro* provenientes del Lejano Oriente, Colón pensó que podía encontrar una ruta más rápida para llegar. Así que, en una época en la cual la mayoría de los exploradores navegaban al Este para llegar a las Indias, a Colón se le ocurrió **NAVEGAR AL OESTE**.

Colón llevó tres navíos en su viaje: la Santa María, la Pinta y la Niña.

No lo hubiera logrado sin...

Las notables aventuras de MARCO POLO (1254-1324) en China ayudaron a abrir valiosas rutas hacia el Lejano Oriente.

Colón consiguió el dinero que necesitaba para su expedición de los reyes españoles FERNANDO (1452-1516) e ISABEL (1451-1504).

Héroe accidental

Tras ser rechazado en Portugal, Colón consiguió los fondos que necesitaba en España y en 1492 zarpó al **Océano Atlántico**. Diez semanas después, su tripulación divisó tierra y Colón bajó a la costa en lo que pensó era una isla cerca de la India. A los habitantes locales los llamó "indios". En realidad estaba en el Caribe. Por supuesto, Colón no había encontrado un *atajo a la India*, pero sí descubrió la tierra que se conocería como **AMÉRICA**.

Por cierto...

No fui el primer europeo en llegar a las Américas. En realidad las descubrió un vikingo llamado Leif Eriksson 500 años antes.

Colón usó la posición de las estrellas, la luna y el sol para orientarse en altamar.

Era de imperios

El descubrimiento de América originó varios siglos de conquistas y colonizaciones que cambiaron el mundo para siempre. Pero, mientras unos países creaban imperios, las poblaciones indígenas sufrían.

Abrió camino para...

Aunque murió en el camino, en 1519 el explorador portugués **FERNANDO DE MAGALLANES** (1480-1521) llevó a su tripulación en el primer viaje alrededor del mundo.

Otro explorador portugués, **VASCO DA GAMA** (c. 1460-1524) fue el primero en navegar directamente de Europa a la India.

Galileo Galilei

El "padre de la ciencia MODERNA"

Por cierto...
Las lunas de Júpiter se conocen como lunas galileanas y la primera nave que orbitó Júpiter también recibió mi nombre.

Galileo fue un astrónomo, físico, matemático e inventor. Se le considera uno de los científicos más famosos de todos los tiempos.

De la medicina a las matemáticas

Galileo Galilei nació en 1564 cerca de Pisa, Italia. **Estudió medicina** en la Universidad de Pisa pero cambió de parecer, se decidió por las **matemáticas** y en 1589 se convirtió en profesor de matemáticas. En 1609, Galileo escuchó que algo llamado **TELESCOPIO** se había inventado en Holanda.

Veo, veo, ¿qué ves?

A pesar de que Galileo nunca había visto un telescopio, **CONSTRUYÓ SU PROPIA VERSIÓN** que resultó mucho mejor que la original. Con su nuevo telescopio descubrió montañas y valles en la superficie de la Luna, **manchas solares** y las lunas de Júpiter. Sus descubrimientos lo convirtieron en una *celebridad*.

Galileo inicialmente vendió su telescopio para que los pueblos pudieran ver aproximarse a los buques enemigos.

No lo hubiera logrado sin...

El gran **Arquímedes** *(ca. 287-212 a.C.) fue una de las primeras personas en sugerir que la* **Tierra orbita el Sol**.

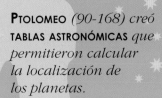

Ptolomeo *(90-168) creó* **TABLAS ASTRONÓMICAS** *que permitieron calcular la localización de los planetas.*

Galileo contra Dios

En uno de sus libros, Galileo explicó cómo la Tierra orbita el Sol. A la iglesia le disgustó porque ella enseñaba que la Tierra era **el centro del Universo**. En 1616, Galileo fue acusado de *herejía* y se le prohibió enseñar o hablar sobre sus teorías. No tardó en desobedecer la solicitud de la iglesia y, en 1633, se le sentenció a **CADENA PERPETUA** a menos que renunciara a sus creencias.

Tal vez nos suene ridículo, pero antes de Galileo, casi todos creían que el Sol y los planetas orbitaban la Tierra.

Saturno

Venus

Tierra

Sol

Júpiter

Mercurio

Luna

Marte

¿Sabías que...?
Galileo no tenía toda la razón. Pensaba que las mareas eran causadas por el movimiento de los mares provocado por la traslación.

Caída libre

Galileo realizó muchos diferentes **experimentos**. Demostró que los objetos pesados y ligeros **CAEN A LA MISMA VELOCIDAD** y cómo la gravedad hace que los objetos **aceleren** en caída libre. También dedujo que lo único que afecta la velocidad de un péndulo (como el de los relojes viejos) es su longitud y la fuerza de gravedad.

Galileo dejó caer os balas de añón desde la orre de Pisa y emostró que los ojetos caen a la isma velocidad.

Pionero
Albert Einstein llamó a Galileo el "padre de la ciencia moderna". Sus descubrimientos minaron el poder de la iglesia y ayudaron a los científicos a tener libertad de expresarse sin temor a la persecución.

NICOLÁS COPÉRNICO *(1473-1543) usó* **MODELOS MATEMÁTICOS** *para demostrar que la Tierra orbita el Sol.*

El noble **TYCHO BRAHE** *(1546-1601) hizo las* **MEDICIONES ASTRONÓMICAS** *más precisas de su época.*

Isaac Newton

El peso PESADO de la gravedad

Isaac Newton dedujo por qué caen los objetos al suelo y por qué los planetas se mueven como lo hacen.

Plagado de preguntas

Isaac Newton nació en Lincolnshire, Inglaterra, en 1643. Su padre murió antes de que él naciera pero, a pesar de su infancia difícil, logró ingresar a la **Universidad de Cambridge**. Cuando **LA PESTE** se desató, se vio obligado a regresar a casa y, al tener tanto tiempo libre, empezó a preguntarse *qué hacía caer las cosas*.

Una manzana un día

Newton decía que se inspiró para pensar sobre estas fuerzas al ver *caer una manzana* y diseñó la teoría de la **GRAVEDAD**: una fuerza invisible que **atrae a todos los objetos** del Universo y que es la razón por la cual las cosas no se van flotando al cielo.

Por cierto...
Hice la mayoría de mis descubrimientos entre los 21 y 27 años, pero no publiqué la mayoría hasta años después.

No lo hubiera logrado sin...

LAS LEYES DE MOVIMIENTO PLANETARIO *del astrónomo alemán* **JOHANNES KEPLER** *(1571-1630) enseñaron cómo los planetas orbitan al sol.*

El pensador francés **RENÉ DESCARTES** *(1596-1650) contribuyó al* **DESARROLLO DE LAS MATEMÁTICAS Y LA GEOMETRÍA.**

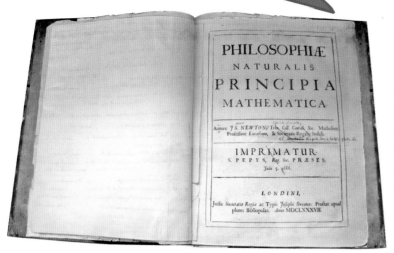

Aplicar la ley

En 1685, Newton describió sus **LEYES DE MOVIMIENTO**, una guía matemática sobre cómo **la velocidad y la masa** afectan el movimiento de un objeto. Dos años después, publicó sus ideas sobre la gravedad en su libro *Philosophiae Naturalis Principia Mathematica*, que contiene muchos fundamentos de la ciencia moderna.

Newton demostró cómo la gravedad afectaba las órbitas de los planetas.

Uno de los grandes

El trabajo de Newton sobre la gravedad y el movimiento revolucionó la ciencia por más de 200 años y ofreció una nueva comprensión del funcionamiento del Universo. Cuando murió en 1727, lo enterraron con la realeza en Westminster Abbey, Londres.

Luz fantástica

Newton también inventó un nuevo tipo de telescopio: el **REFLECTOR**. En vez de lentes tenía un espejo y era **mucho más poderoso que los telescopios de entonces**. También demostró que la luz blanca está conformada por *todos los colores del arcoíris*.

Newton usó un prisma de vidrio para separar la luz en colores.

El **TELESCOPIO ESPACIAL HUBBLE** *está basado en el telescopio de reflexión de Newton, o "telescopio newtoniano".*

Abrió camino para...

Los astrónomos usaron las leyes de Newton para encontrar **URANO, NEPTUNO Y PLUTÓN**, *que no habrían descubierto sin su telescopio.*

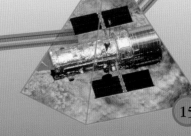

Dimitri Mendeleiev

El hombre que entabló una relación ELEMENTAL

Dimitri Mendeleiev revolucionó la química cuando creó la primera versión de la tabla periódica de los elementos.

Por cierto... Me nominaron para el Premio Nobel de Química en 1906, pero no lo obtuve porque mi descubrimiento ya era demasiado viejo.

Estudiante elemental

Mendeleiev nació en 1834 en Tobolsk, Rusia. Estudió ciencias en San Petersburgo y se convirtió en **profesor de química**. Como maestro, pensó que si pudiera organizar los elementos químicos, podría *ayudar a sus alumnos* a entenderlos. Esto fue una tarea difícil y pasó años intentando averiguar cómo hacerlo.

El **número atómico** es el número total de protones (partículas con carga positiva) en el núcleo.

El **símbolo químico** es la abreviatura del elemento.

El **nombre** del elemento periódico.

La **masa atómica** indica el número de protones y neutrones (partículas sin carga eléctrica) en el núcleo.

87
Fr
Francio
223.0

TABLA PERIÓDICA

| 1 H Hidrógeno 1.0 |
| 3 6.9 | 4 Be |
| 11 Na Sodio 23.0 | 12 Mg Magnesio 24.3 |

Las columnas verticales se llaman grupos y contienen elementos con propiedades similares.

19 K Potasio 39.1	20 Ca Calcio 40.1	21 Sc Escandio 45.0	22 Ti Titanio 47.9	23 V Vanadio 50.9	25 54.9	26
37 Rb Rubidio 85.5	38 Sr Estroncio 87.6	39 Y Itrio 88.9	40 Zr Circonio 91.2	41 Nb Niobio 92.9	42 Mo Molibdeno 95.9	43 Tc Técnecio 99	Ru Rutenio 101.0
55 Cs Cesio 132.9	56 Ba Bario 137.3	57-71 Ver abajo	72 Hf Hafnio 178.5	73 Ta Tantalio 180.9	74 W Wolframio 183.9	75 Re Renio 186.2	76 Os Osmio 190.2
87 Fr Francio 223.0	88 Ra Radio 226.0	89-103 Ver abajo	104 Rf Rutherfordio 261	105 Db Dubnio 262	106 Sg Seaborgio 263	107 Bh Bohrio 262	108 Mt Meitnerio 265

Cromo 52.0

| 57 La Lantano 138.9 | 58 Ce Cerio 140.1 | 59 Pr Praseodimio 140.9 | 60 Nd Neodimio 144.2 | 61 Pm Prometio 145 | 62 Sm Samario 150.4 |
| 89 Ac Actinio 227.0 | 90 Th Torio 232.0 | 91 Pa Protactinio 231.0 | 92 U Uranio 238.0 | 93 Np Neptunio 237 | 94 Pu Plutonio 242 |

Cada familia es de un color distinto.

Las filas horizontales (periodos) corresponden al número de electrones (partículas con carga negativa) que orbitan el núcleo. Así, el hidrógeno tiene un electrón y el bario tiene seis.

No lo hubiera logrado sin...

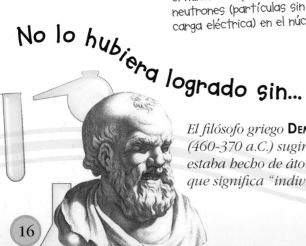

El filósofo griego **DEMÓCRITO** *(460-370 a.C.) sugirió que todo estaba hecho de átomos, palabra que significa "indivisible" en griego.*

ROBERT BOYLE *(1627-1691) fue un químico irlandés que demostró que un gas se forma por átomos distantes y en movimiento.*

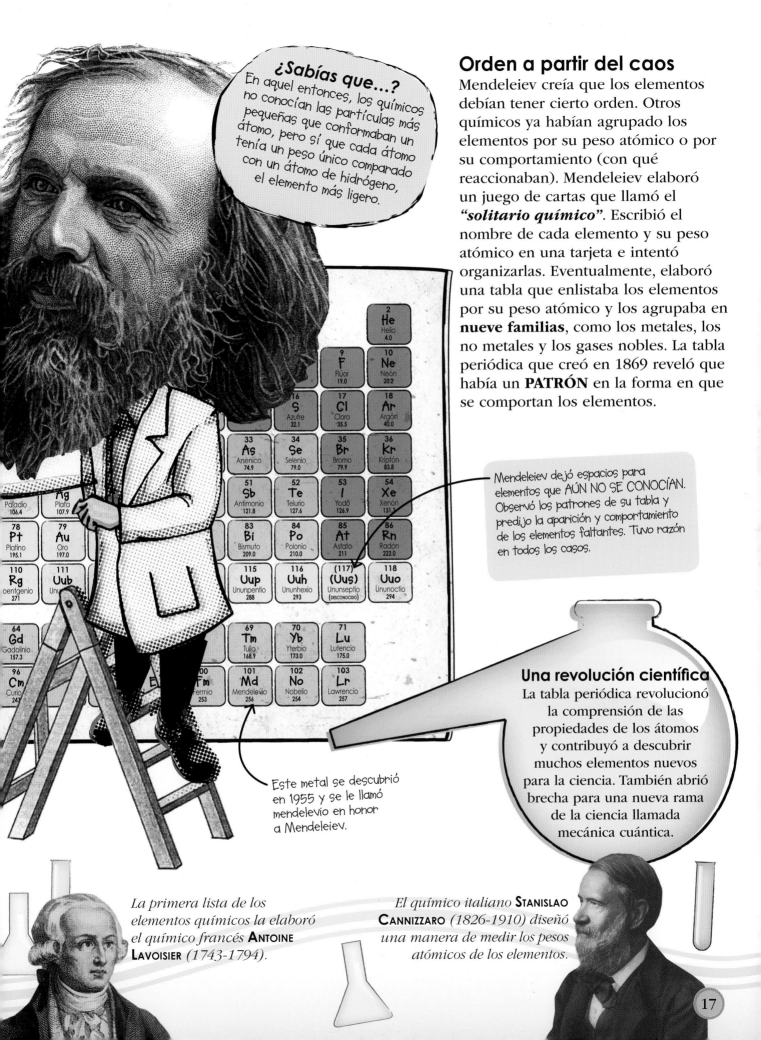

¿Sabías que...?

En aquel entonces, los químicos no conocían las partículas más pequeñas que conformaban un átomo, pero sí que cada átomo tenía un peso único comparado con un átomo de hidrógeno, el elemento más ligero.

Orden a partir del caos

Mendeleiev creía que los elementos debían tener cierto orden. Otros químicos ya habían agrupado los elementos por su peso atómico o por su comportamiento (con qué reaccionaban). Mendeleiev elaboró un juego de cartas que llamó el *"solitario químico"*. Escribió el nombre de cada elemento y su peso atómico en una tarjeta e intentó organizarlas. Eventualmente, elaboró una tabla que enlistaba los elementos por su peso atómico y los agrupaba en **nueve familias**, como los metales, los no metales y los gases nobles. La tabla periódica que creó en 1869 reveló que había un **PATRÓN** en la forma en que se comportan los elementos.

Mendeleiev dejó espacios para elementos que AÚN NO SE CONOCÍAN. Observó los patrones de su tabla y predijo la aparición y comportamiento de los elementos faltantes. Tuvo razón en todos los casos.

Este metal se descubrió en 1955 y se le llamó mendelevio en honor a Mendeleiev.

Una revolución científica

La tabla periódica revolucionó la comprensión de las propiedades de los átomos y contribuyó a descubrir muchos elementos nuevos para la ciencia. También abrió brecha para una nueva rama de la ciencia llamada mecánica cuántica.

*La primera lista de los elementos químicos la elaboró el químico francés **Antoine Lavoisier** (1743-1794).*

*El químico italiano **Stanislao Cannizzaro** (1826-1910) diseñó una manera de medir los pesos atómicos de los elementos.*

Charles Darwin

Hizo MONA a la humanidad

Darwin demostró que la complejidad de la vida en la Tierra es el resultado de millones de años de cambios graduales y no un acto de creación bíblica.

Primeros años

Charles Darwin nació en una familia adinerada en Shrewsbury, Inglaterra, en 1809. De joven, Darwin quería ser **doctor**, pero *odiaba* la sangre, así que estudió religión. Aprendió sobre **Teología Natural** que enseñaba cómo diseñó Dios la vida en la Tierra… pero pronto se cuestionaría esta noción.

Un viaje increíble

Cuando tenía apenas 22 años, Darwin se unió a la expedición científica de un buque llamado el HMS *Beagle*. Pasó los cinco años del viaje *observando la naturaleza*, tomando notas y recolectando muestras. Al visitar las **ISLAS GALÁPAGOS** en el Pacífico, Darwin se dio cuenta de que había animales obviamente emparentados que lucían distintos en cada isla.

Los pinzones que inspiraron a Darwin se convirtieron en símbolo de la evolución.

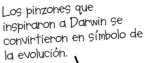

No lo habría logrado sin...

El botánico sueco **CARL LINNAEUS** *(1707-1778) creó una forma moderna de agrupar las especies relacionadas, también conocida como* **TAXONOMÍA**.

JEAN-BAPTISTE LAMARCK *(1744-1829), naturalista francés, sugirió que las especies no eran inmutables y podían* **EVOLUCIONAR**.

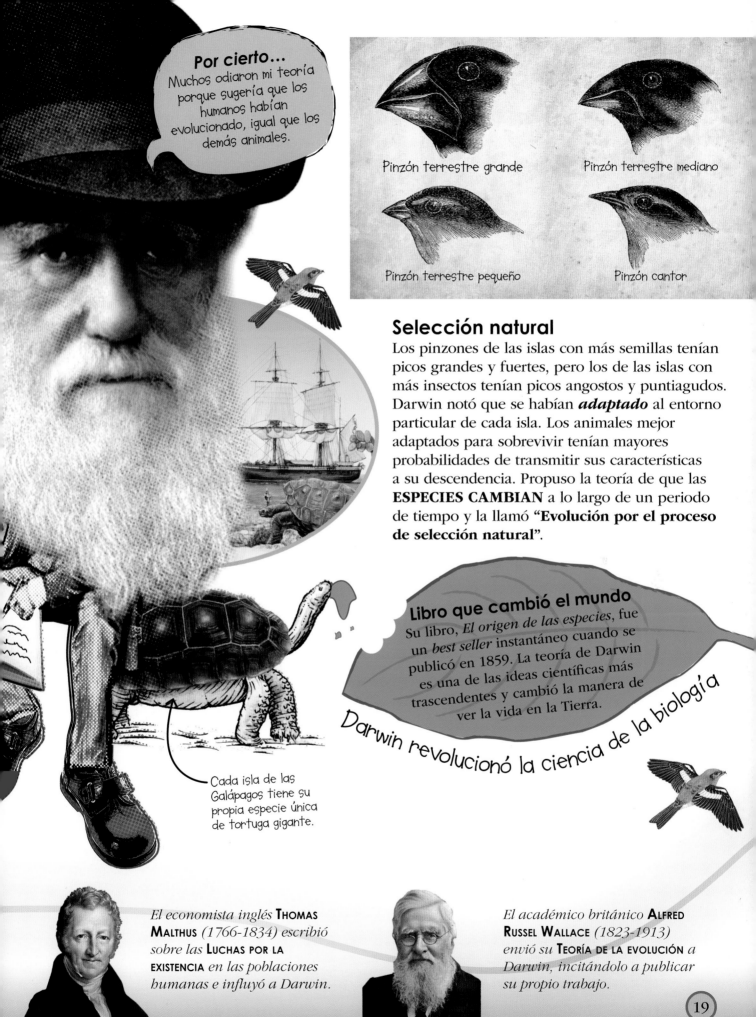

Pinzón terrestre grande

Pinzón terrestre mediano

Pinzón terrestre pequeño

Pinzón cantor

Selección natural

Los pinzones de las islas con más semillas tenían picos grandes y fuertes, pero los de las islas con más insectos tenían picos angostos y puntiagudos. Darwin notó que se habían **adaptado** al entorno particular de cada isla. Los animales mejor adaptados para sobrevivir tenían mayores probabilidades de transmitir sus características a su descendencia. Propuso la teoría de que las **ESPECIES CAMBIAN** a lo largo de un periodo de tiempo y la llamó "**Evolución por el proceso de selección natural**".

Libro que cambió el mundo
Su libro, *El origen de las especies*, fue un *best seller* instantáneo cuando se publicó en 1859. La teoría de Darwin es una de las ideas científicas más trascendentes y cambió la manera de ver la vida en la Tierra.

Darwin revolucionó la ciencia de la biología

Cada isla de las Galápagos tiene su propia especie única de tortuga gigante.

El economista inglés **Thomas Malthus** *(1766-1834) escribió sobre las* **Luchas por la existencia** *en las poblaciones humanas e influyó a Darwin.*

El académico británico **Alfred Russel Wallace** *(1823-1913) envió su* **Teoría de la evolución** *a Darwin, incitándolo a publicar su propio trabajo.*

Maravillas médicas

Los modernizadores de la MEDICINA

Hace no tanto tiempo era igual de probable morir por el tratamiento del doctor que por la misma enfermedad. Estos pioneros médicos cambiaron eso.

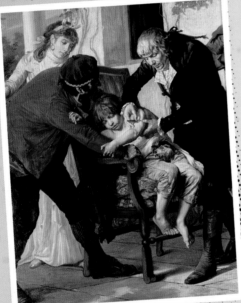

Edward Jenner
(1749–1823)

En el siglo XVIII, *la viruela* —una fiebre eruptiva muy grave— fue **la mayor causa de muerte en Inglaterra**. Jenner pensó que si la gente recibía una dosis leve de viruela, su cuerpo estaría preparado para defenderse contra una infección más fuerte. Jenner había inventado la **VACUNA** contra la viruela que salvaría vidas desde entonces.

Las bacterias son las mayores asesinas del mundo ⇨

Louis Pasteur
(1822–1895)

La gente pensaba que las *bacterias* eran demasiado pequeñas para perjudicar a los humanos. Pasteur, un químico francés, demostró que, a pesar de su diminuto tamaño, las bacterias provocan muchas **enfermedades graves** como el cólera. También demostró que morían al hervirlas, un método que llamamos **PASTEURIZACIÓN**.

La jeringa hipodérmica se inventó en 1853 como una forma de administrar drogas bajo la piel.

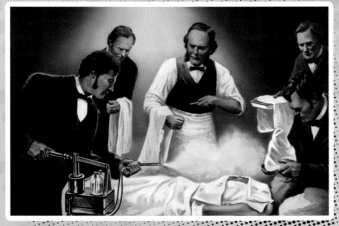

Joseph Lister
(1827–1912)

En el siglo XIX, muchas personas morían tras la cirugía. Lister, un médico británico, dedujo que se debía a los **gérmenes** provenientes del **instrumental y las manos sucias** que infectaban a los pacientes al operarlos. Empezó a esterilizar el instrumental y tratar las heridas con **ANTISÉPTICOS**, sustancias que previenen el crecimiento de los microorganismos que provocan enfermedades. La esterilización funcionó y menos gente moría tras la cirugía.

Wilhelm Roentgen
(1845–1923)

Cuando el físico alemán Wilhelm Roentgen estaba experimentando con la transmisión de corrientes eléctricas a través de gases, notó algo **muy extraño**. Se produjo una misteriosa forma de radiación que parecía pasar a través de los objetos. Dudó sobre lo que había descubierto y lo llamó **RAYOS X**. Actualmente los rayos X se usan en la medicina para *detectar* desde huesos rotos hasta varias formas de cáncer.

Alexander Fleming
(1881–1955)

Este doctor escocés estaba criando bacterias en una placa de petri cuando notó que algunas de las placas estaban **mohosas**. Antes de tirarlas, vio que el moho parecía haber **matado** a las bacterias. Llamó a esta sustancia **PENICILINA** y fue el primer antibiótico.

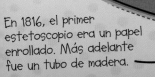

En 1816, el primer estetoscopio era un papel enrollado. Más adelante fue un tubo de madera.

Albert Einstein

El "padre de la FÍSICA moderna"

Su famosa ecuación establece que la masa (m) y la energía (E) son intercambiables. Incluso una diminuta cantidad de materia (como un chícharo) contiene ENORMES cantidades de energía en sus átomos. La energía del objeto es la masa por la velocidad de la luz (c) al cuadrado.

$$E = mc^2$$

Einstein es el científico más famoso del mundo. Sus teorías cambiaron la manera en que vemos el Universo.

Primeros años

Albert Einstein, aquí con su hermana menor, Maja, nació en 1879 en Ulm, Alemania. Después de estudiar, trabajó de dependiente en una **oficina de patentes** en Suiza, revisando las solicitudes de aparatos eléctricos. En su tiempo libre, desarrolló teorías radicales sobre la **LUZ Y EL TIEMPO**. En 1905, publicó cuatro artículos científicos que *cambiarían el mundo*.

Tiempo deforme

En su teoría **ESPECIAL DE LA RELATIVIDAD**, Einstein demostró que el Universo es un lugar muy extraño donde el **tiempo y el espacio están ligados**, son flexibles y pueden cambiar dependiendo de quién los esté observando. Explicó que *mientras más rápido viajas, el tiempo pasa más lento para ti*, y que la luz tiene un límite de velocidad de 300 000 km por segundo.

Abrió el camino para...

La primera **BOMBA NUCLEAR** detonó en una explosión masiva en 1945. Demostró la ecuación $E=mc^2$ y liberó la energía capturada en los átomos.

Einstein diseñó una teoría de **LÁSERES**. Se usan hoy para los CD, DVD y **CÓDIGOS DE BARRAS**... y aparecen en las películas de ciencia ficción.

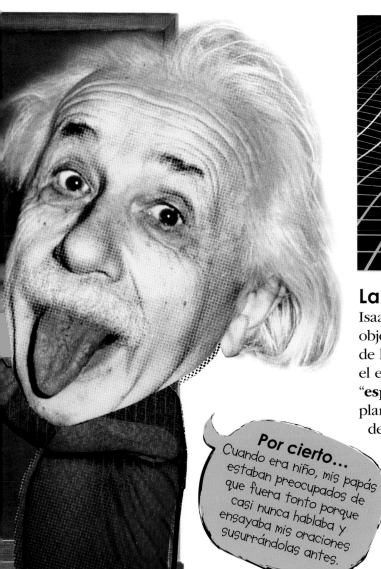

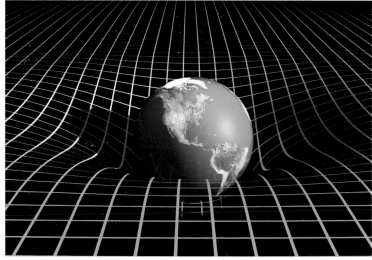

La gravedad y el Universo

Isaac Newton creía que la gravedad era la fuerza de un objeto grande que atrae a otro más pequeño. La teoría de la **RELATIVIDAD GENERAL** de Einstein dice que el espacio y el tiempo son parte de lo mismo, el "**espacio-tiempo**", y que los objetos grandes, como los planetas, *doblan* el espacio-tiempo. Imagina una pelota de boliche sobre una sábana y cómo la deformaría. Los objetos más pequeños no la deformarían igual que la pelota y rodarían a la cavidad del objeto más grande. Eso es la gravedad.

Por cierto...

Cuando era niño, mis papás estaban preocupados de que fuera tonto porque casi nunca hablaba y ensayaba mis oraciones susurrándolas antes.

Científico inspirador

Las ideas de Einstein cambiaron la física y la astronomía. Sus teorías originaron décadas de descubrimientos, desde las partículas más pequeñas conocidas hasta el funcionamiento del universo. Einstein es un ícono de la creatividad y la genialidad.

¿Sabías que...?

Cuando Einstein murió en 1955, los científicos querían saber qué lo hacía tan inteligente. Estudiaron su cerebro y descubrieron que la parte responsable del pensamiento matemático era inusualmente grande en él.

Por la relatividad, los relojes en los satélites de GPS (sistema de posicionamiento global), que guían coches, se retrasan a propósito para coincidir con los de los receptores.

Einstein sospechaba de NIELS BOHR (1885-1962) y su teoría de la mecánica cuántica, esencial para la operación de los MICROCHIPS.

23

María Curie

La mujer que descubrió la RADIACTIVIDAD fue la primera mujer en ganar un Premio Nobel y la primera persona en ganarse dos

Todo sobre mí

- **NACIMIENTO:** 1867
- **MUERTE:** 1934
- **NACIONALIDAD:** Polaca
- **DATO CURIOSO:** Mi hija mayor, Irene, también ganó el Premio Nobel de química.
- **EN RESUMEN:** Nací en Varsovia, Polonia y estudié física y matemáticas en París, Francia. Ahí conocí a Pierre Curie con quien me casé.

Por cierto... No sabía del riesgo de exponerme a la radiación con que trabajaba y morí de anemia aplásica (un mal de la sangre).

Radiactividad

Los Curie investigaron la **radiactividad**. María demostró que los átomos de elementos radiactivos emiten partículas de **ALTA ENERGÍA** llamados radiación. Esto demostró que los átomos no son esferas sólidas. También descubrieron dos elementos radiactivos nuevos, llamados **polonio** y **radio**. Después se dieron cuenta de que la radiación podía utilizarse para tratar enfermedades como el cáncer.

El factor X

Sabiendo que los elementos radiactivos emiten rayos X, María optimizó las **máquinas de rayos X** de los hospitales. Creó una máquina nueva que cabía en las ambulancias y con estas unidades móviles se diagnosticaron soldados que estaban demasiado mal heridos para ir al hospital en la **PRIMERA GUERRA MUNDIAL**.

En la guerra, Curie condujo ambulancias equipadas con rayos X a la línea de batalla.

Ernest Rutherford

El hombre que descubrió la estructura del ÁTOMO, lo dividió, y ganó el Premio Nobel de Química

Todo sobre mí

- **NACIMIENTO:** 1871
- **MUERTE:** 1937
- **NACIONALIDAD:** Neozelandés
- **DATO CURIOSO:** Se me conoce como "el padre de la física nuclear".
- **EN RESUMEN:** Nací en Nueva Zelanda, fui profesor de física en la Universidad McGill en Canadá e investigué la recién descubierta radiactividad.

Los electrones (−) son partículas de carga negativa que orbitan el núcleo.

Los protones (+) son partículas de carga positiva que forman parte del núcleo.

Los neutrones (0) son un poco más grandes que los protones pero no tienen carga.

Rompecabezas de partículas

Marie Curie demostró que los **átomos** no eran pelotas sólidas y Rutherford dedujo que la mayor parte de su masa estaba en el centro o **NÚCLEO** y que el resto era básicamente espacio vacío. También descubrió que el núcleo estaba formado de partículas más chicas llamadas **protones** y **neutrones**, rodeados por una nube de partículas diminutas llamadas **electrones**.

El hidrógeno es el único elemento sin neutrones

Partes del átomo

Rutherford descubrió que el núcleo del átomo podía **romperse** si se le golpeaba con otra partícula de alta energía (como bolas de billar que chocan). Usó una fuente radiactiva para disparar partículas a un átomo y descubrió que el impacto sacaba a los protones del núcleo y **dividía** el átomo. Rutherford había creado una nueva ciencia: **LA FÍSICA NUCLEAR**.

Watson y Crick

Los tipos que DESCUBRIERON el secreto de la vida

Un cromosoma es un paquete de información genética hecho de un filamento muy largo de ADN.

Watson y Crick fueron los primeros en descubrir la doble hélice del ADN y desenredar nuestros orígenes.

El dúo dinámico

Francis Crick nació en 1916 cerca de Northampton, Inglaterra. Estudió física pero se cambió a biología y trabajó en la **Universidad de Cambridge**. James Watson nació en 1928 en Chicago, E.U. Quería estudiar ornitología (el estudio de las aves), pero optó por la **genética**. Se fue a la Universidad de Cambridge en 1951, donde conoció a Crick. Watson y Crick trabajaron juntos estudiando la **ESTRUCTURA DEL ADN**.

Por cierto...
Antes de nosotros, se sabía que el ADN transmitía los genes de una generación a la siguiente, pero no se sabía cómo ni el aspecto del ADN.

¿Sabías que...?
Después de hacer su descubrimiento, Crick entró a el Eagle Pub en Cambridge y anunció: "Hemos descubierto el secreto de la vida".

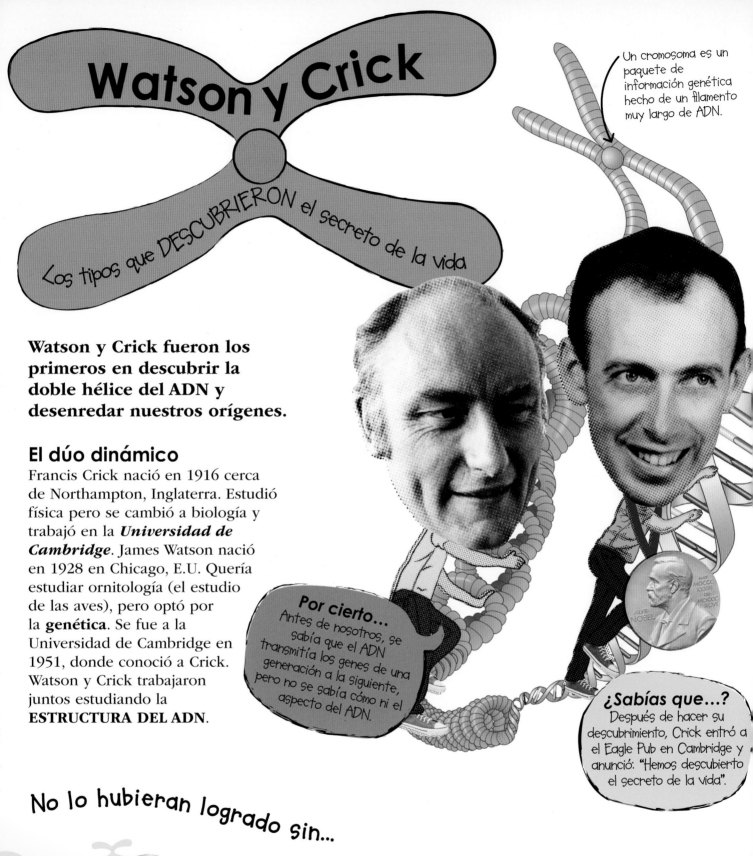

No lo hubieran logrado sin...

GREGOR MENDEL *(1822-1884)* inició la **CIENCIA DE LA GENÉTICA**. *Descubrió que los guisantes transmitían características a sus descendientes.*

FRIEDRICH MIESCHER *(1844-1895)* descubrió los **ÁCIDOS NUCLEICOS** *en la célula, llevando al descubrimiento del ADN, un ácido nucleico.*

Crédito a quien lo merece

Junto con Watson y Crick, dos científicos en el King's College, Londres, **ROSALIND FRANKLIN** y Maurice Wilkins, estaban estudiando el ADN usando rayos X. Wilkins le mostró a Watson el trabajo de Franklin sin su permiso. Usaron los resultados de Franklin en su investigación pero *no le dieron el crédito que se merecía*. Watson, Crick y Wilkins compartieron el **Premio Nobel de Medicina** en 1962, pero Franklin no recibió reconocimiento por su contribución.

El ADN se copia a sí mismo abriendo la hélice: los nucleótidos atraen nuevas parejas y forman dos hélices idénticas.

Descubriendo el código de la vida

El ácido desoxirribonucleico (ADN) es el conjunto de instrucciones químicas contenido *en las células de todas las criaturas vivientes*. El ADN indica a la célula cómo comportarse y crecer. Watson y Crick descubrieron que tiene dos filamentos retorcidos juntos como una escalera espiral, o la **DOBLE HÉLICE**. Entre los filamentos hay moléculas llamadas nucleótidos (descubiertas antes). Hay **cuatro distintos nucleótidos** (adenina, timina, citosina y guanina) y su acomodo determina las instrucciones del ADN.

La ciencia interior

El descubrimiento de la estructura del ADN abrió nuevas ramas de la ciencia como los cultivos genéticamente modificados (GM). Los científicos incluso han hecho un mapa del código genético de los humanos, lo cual podría conducir a nuevas curas de enfermedades y su prevención.

Abrieron camino para...

La policía puede **IDENTIFICAR A UN CRIMINAL** a través de su ADN. Esto se conoce como **HUELLA DIGITAL FORENSE** (**O GENÉTICA**).

Se puede **CLONAR** un animal haciendo una copia de su ADN. El primer mamífero que se clonó fue **DOLLY LA OVEJA**, en 1996.

Mary Anning

La cazadora de FÓSILES que encontró huesos de dinosaurio bajo sus pies y cambió nuestra visión de la evolución

Todo sobre mí

- **NACIMIENTO:** 1799
- **MUERTE:** 1847
- **NACIONALIDAD:** Inglesa
- **DATO CURIOSO:** De bebé, sobreviví a un rayo.
- **EN RESUMEN:** Nací en Lyme Regis, Dorset, Reino Unido, en un área famosa por sus fósiles.

Fósiles temibles

Mary pasaba la mayoría de su tiempo buscando **FÓSILES** en la playa de Lyme Regis con su hermano Joseph. A los 12 años, Joseph encontró el primer fósil de **ictiosauro** (arriba) y Mary lo excavó. Mary descubrió el primer **plesiosauro** casi completo y el primer **pterosauro** fuera de Alemania. Incluso halló un pez que era el **eslabón perdido** entre tiburones y rayas.

Por cierto...
Solía buscar en la playa durante las tormentas para encontrar fósiles que quedaban expuestos por las grandes olas.

Este es un fósil de un plesiosauro.

Revolución de la evolución

Mary hizo sus **descubrimientos** cuando la mayoría de la gente creía en la historia de la creación bíblica que establecía que Dios había creado todo como existe hoy en día. Las criaturas espectaculares que descubrió Mary, como el plesiosauro, eran tan **distintas a lo que vivía entonces** que se tuvo que aceptar que el mundo natural cambia gradualmente. Su trabajo contribuyó a la **TEORÍA DE LA EVOLUCIÓN**.

Todo sobre mí

- **NACIMIENTO:** 1913
- **MUERTE:** 1996
- **NACIONALIDAD:** Inglesa
- **DATO CURIOSO:** Inventé un sistema de clasificación de herramientas de piedra.
- **EN RESUMEN:** Nací en Londres y casi toda mi vida busqué fósiles humanos y artefactos en África.

Cazando homíninos

Mary encontró varios **homíninos** fósiles (parientes de los humanos actuales). En 1959, en la Garganta de Olduvai en Tanzania, encontró el **CRÁNEO** de un ancestro humano que llamó el "hombre cascanueces" por sus mandíbulas y dientes enormes. Más tarde encontró otro cráneo y la mano de una especie que llamó el "**hombre hábil**", pariente cercano de los humanos modernos.

El "hombre cascanueces" vivió hace unos 1.75 millones de años.

Por cierto...
Mi obsesión con los primeros humanos surgió de niña, al ver pinturas rupestres en Francia con mi padre.

Un paso adelante

Mary hizo su descubrimiento más emocionante en 1978 al descubrir un conjunto de **HUELLAS** antiguas en Laetoli, Tanzania. Demostraban que los humanos habían empezado a caminar erguidos mucho **antes** de lo pensado. Mary es considerada como una de los mejores **arqueólogos**, científicos que desentierran el pasado. Su trabajo reveló mucho sobre el origen de los humanos.

Las huellas fosilizadas de Laetoli tienen más de 3.75 millones de años.

Mary Leakey

La mujer que encontró ESQUELETOS en el armario de la humanidad y nos mostró de donde venían

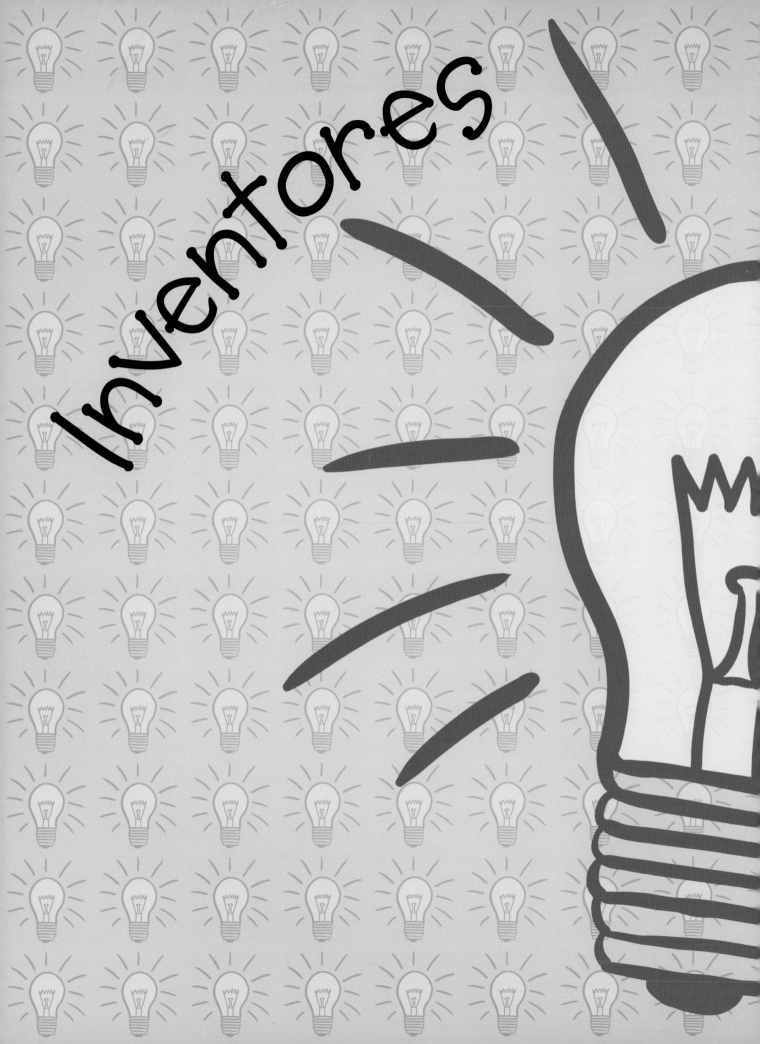

inspiradores

Sin estos brillantes individuos, tu vida diaria sería muy distinta. No habría papel ni coches. De hecho, no estarías leyendo este libro. Imagina una vida sin teléfonos, jeans, aviones, televisión, Facebook y comida rápida. Claro, la vida seguiría su curso, pero estos ingeniosos inventores hicieron del mundo un lugar más emocionante, versátil y con mucha más tecnología.

Todo sobre mí

- **NACIMIENTO:** 50
- **MUERTE:** 121
- **NACIONALIDAD:** China
- **DATO CURIOSO:** Fui oficial de la corte del Emperador He de Han.
- **EN RESUMEN:** Nací en Guiyang (hoy Leiyang), China. Fui nombrado oficial a cargo de manufactura de instrumentos y armas.

Cai Lun

El hombre que molió corteza de árbol, creó el PAPEL y cambió el mundo de la escritura

Un poco de lectura pesada

Antes de la invención del papel, la lectura era un pasatiempo pesado. En civilizaciones como la mesopotámica se escribía en **tabletas de barro**. En China, los libros se hacían de *bambú*, que no es flexible, o de costosa seda. En occidente, la gente todavía estaba haciendo anotaciones en tabletas de cera y escribiendo en papiro o **PIELES DE ANIMALES**.

El papel se sigue haciendo de manera muy similar.

Por cierto... Los europeos escribían en pergaminos hechos de las pieles de animales bebés.

El papel no llegó a Europa hasta el siglo XII

Una idea con corteza

En 105, Cai inventó el papel. Tomó la corteza interna y suave del **árbol de morera**, le agregó fibras de bambú y un poco de agua. **MOLIÓ BIEN LA MEZCLA**, la vertió sobre una tela y dejó que el agua drenara. Cuando se secó, solamente quedaron las fibras… y Cai tenía una hoja de papel. La invención del papel permitió que las *ideas y el conocimiento se transmitieran mucho más rápido*.

El papel se hacía en hojas enormes y luego se cortaba.

Todo sobre mí

- **NACIMIENTO:** 1398
- **MUERTE:** 1468
- **NACIONALIDAD:** Alemán
- **DATO CURIOSO:** Fui impresor y editor.
- **EN RESUMEN:** Nací en Mainz, Alemania e inventé la imprenta: uno de los inventos más importantes de la era moderna.

Johann Gutenberg

El hombre que ayudó a poner un LIBRO en las manos de todos y abrió la lectura a las masas

Experimentos secretos

A Gutenberg *le gustaba leer* y pensaba que era una lástima que solamente los ricos pudieran tener libros. En un **taller secreto** experimentó con letras individuales y móviles y nuevas tintas con base de aceite. Para su imprenta, adaptó prensas para hacer vino de aquel entonces. En 1454, tuvo éxito e imprimió su libro famoso, la **BIBLIA DE GUTENBERG**.

La primera Biblia de Gutenberg equivalía al salario de tres años... se abarataron después.

Gutenberg experimentó con letras de madera, pero terminó usando de metal porque no manchaban tanto.

Revolución de la lectura

El invento de Gutenberg **se difundió pronto en Europa** y, a su muerte, ya había imprentas funcionando en las grandes ciudades europeas. Esto permitió la difusión de ideas e información como nunca antes. Y así todos, ricos o pobres, pudieron **DISFRUTAR DE LA LECTURA**.

Por cierto...
Mi trabajo en secreto provocó que mis vecinos creyeran que era mago y que tenía reuniones secretas con el diablo.

James Watt

El inventor cuya máquina avanzó A TODO VAPOR

James Watt no inventó la máquina de vapor, pero hizo su uso más barato. Sus motores alimentaron la Revolución Industrial y cambiaron el mundo para siempre.

Joven ingeniero

Nació en Greenock, Escocia, en 1736. Fue hijo de un adinerado constructor de barcos. Inició construyendo y reparando instrumentos matemáticos en la Universidad de Glasgow pero pronto se interesó en la máquina de vapor.

Talento caliente

El inglés Thomas Newcomen construyó la primera **máquina de vapor** comercialmente exitosa en 1712 como instrumento para bombear agua. Watt observó que consumía mucho combustible porque calentar y enfriar el cilindro continuamente requería **DE MUCHA ENERGÍA**. En 1769, Watt diseñó un nuevo motor donde el cilindro *permanecía caliente*: era mucho más eficiente y usaba solamente una cuarta parte del combustible que el diseño anterior.

Abrió brecha para...

El ingeniero inglés **RICHARD TREVITHICK** (1771-1833) mejoró la máquina de Watt y la usó para el primer **TREN DE VAPOR** en 1804.

En 1829, el inventor inglés **GEORGE STEPHENSON** (1781-1848) construyó el tren más avanzado de su día, el **ROCKET**, y la primera línea férrea pública.

A todo vapor

Antes de los cambios de Watt, la máquina de vapor se usaba principalmente para **bombear agua** en las minas. Consciente de que esta máquina se podía usar para muchas cosas, Watt se asoció con Matthew Boulton (1783-1829) para comercializarla. Con su ayuda, tuvo **UN GRAN ÉXITO** y para 1783 ya había reemplazado casi por completo el viejo modelo de Newcomen.

La máquina de Watt dio pie a que se dejara de depender de la labor de los animales.

Watt en la Tierra

Los diseños de la máquina de Watt fueron el motor detrás de décadas de cambio social y económico y aún repercuten actualmente. Sin embargo, además de la máquina de vapor, Watt también inventó el proceso de manufactura a gran escala de cloro como blanqueador.

La gente al poder

Poco después, los motores de vapor ya estaban aprovechándose en **todo tipo de maquinaria**: para bombear agua potable, mover molinos de agua y otros, o drenar muelles. Su motor generó la energía que alimentó la **REVOLUCIÓN INDUSTRIAL**, cuando surgió la dependencia de las máquinas. Esto condujo a un periodo de rápido crecimiento urbano y mucha gente *abandonó el campo* y se mudó a las ciudades.

Watt inventó el término "caballos de fuerza" para explicar cuánto trabajo realizaba el motor.

En 1884, el ingeniero inglés **CHARLES PARSONS** *(1854-1931) desarrolló la primera turbina de vapor. Diez años después, se construyó el primer barco que la usaba, el* TURBINIA.

Las turbinas de vapor son el corazón de la **PLANTA GENERADORA** *moderna. Se usan para convertir la energía del vapor en electricidad.*

Alessandro Volta

El hombre que dio al mundo su primera BATERÍA y reveló los secretos de la electricidad

Por cierto... Mi nombre está en todas las baterías. La cantidad de potencial eléctrico de una pila se mide en "voltios" (por mí).

Todo sobre mí

- **NACIMIENTO:** 1745
- **MUERTE:** 1827
- **NACIONALIDAD:** Italiano
- **DATO CURIOSO:** Descubrí el gas metano.
- **EN RESUMEN:** Nací en Como, Italia. Fui profesor de física experimental y pasé casi toda mi vida estudiando la electricidad.

Un paso adelante

En 1786, el anatomista italiano Luigi Galvani observó cómo se movía la pata de una rana si **presionaba dos cilindros de metal** contra ella. Volta notó que la pata mojada hacía que una **CORRIENTE ELÉCTRICA** pasara entre los cilindros y la placa de hojalata debajo. La clave eran los **dos distintos metales**.

La pila voltaica fue la antecesora de las baterías modernas.

Cuando Volta le demostró su aparato, Napoleón lo convirtió en conde.

La batería de Volta

Volta intentó recrear el efecto con otros elementos. En 1800, utilizó **discos de cobre y zinc** como los distintos metales y, para reemplazar la pata de la rana, usó papel remojado en salmuera. Cuando apiló en capas estos elementos, la **electricidad fluyó por la pila**. Volta la llamó "pila voltaica". Acababa de **INVENTAR LA BATERÍA**.

Todo sobre mí

- **NACIMIENTO:** 1791
- **MUERTE:** 1867
- **NACIONALIDAD:** Inglesa
- **DATO CURIOSO:** Mi rostro ha estado en el billete de £20.
- **EN RESUMEN:** Nací cerca de Londres. Mi padre fue herrero y tuve muy poca educación formal.

Michael Faraday

El hombre que inventó el MOTOR ELÉCTRICO y el generador eléctrico

Una noción de movimiento

En 1821, Faraday demostró que la electricidad que fluye por una espiral de alambre crea un *campo magnético*. Descubrió que esta energía electromagnética podía generar **movimiento** e inventó el **MOTOR ELÉCTRICO**, que se sigue usando hoy de incontables formas.

Por cierto...
Descubrí que una jaula metálica de "Faraday" protege a lo que esté en su interior de una fuerte corriente eléctrica al conducirla por su contorno.

Cuando un disco de cobre gira entre los polos de un imán, produce electricidad.

Vueltas y vueltas

Faraday continuó experimentando con el magnetismo y en 1831 descubrió que si *invertía el proceso* podía producir una corriente eléctrica. Al hacer girar el disco de cobre entre los polos del imán **generó un flujo constante de electricidad** a través del alambre. Faraday había inventado el primer **DINAMO** (arriba), que se convertiría eventualmente en el generador eléctrico.

Faraday diseñó el primer transformador.

Se usan ahora para disminuir los altos voltajes de modo que sean seguros de usar en los hogares.

Inventos cotidianos

Los INVENTOS sin los cuales no podemos vivir

De vez en cuando alguien inventa algo que nos hace preguntarnos cómo podíamos vivir antes. Aquí presentamos algunas de las personas detrás de estos inventos indispensables.

Charles Goodyear
(1800–1860)

Si las llantas estuvieran hechas de hule natural, se **derretirían en el verano y se congelarían en el invierno**… inútiles. Por fortuna, este estadounidense descubrió cómo **VULCANIZAR** (endurecer) el hule *calentándolo* y mezclándolo con químicos.

El hule vulcanizado es duro, flexible y duradero: perfecto para las llantas

Levi Strauss
(1829–1902)

¿Te imaginas a Elvis vestido de pana? Un sastre estadounidense llamado Jacob Davis empezó a **poner remaches de metal en los pantalones de trabajo** para *fortalecerlos*. Su socio, un alemán de nombre Levi Strauss, patentó, produjo y promovió los nuevos "**JEANS**".

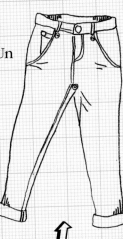

Los jeans se volvieron un icono del rock

George Eastman
(1854–1932)

Probablemente ahora uses tu teléfono para sacar fotos, pero antes del iPhone, existió Kodak. Eastman fue un inventor estadounidense que introdujo el *rollo fotográfico* que reemplazaría las costosas **placas fotográficas**. También inventó la cámara pequeña y barata, la **KODAK**, en 1888.

⇩ La cámara Kodak hizo accesible la fotografía por primera vez

¿Sabías que…?
Kodak construyó la cámara del programa espacial del *Apolo 11* que mandó las primeras fotografías de la Luna.

Wallace Carothers
(1896–1937)

Este químico estadounidense lleva más de 70 años ayudando a las mujeres a cubrirse las piernas. Creó el **NYLON**, el primer **polímero sintético** (similar al plástico) que al formar fibras se podía utilizar para hacer desde *cuerdas de guitarra hasta medias*.

Antes sólo las estrellas de cine usaban medias de nylon ⇨

Alexander Graham Bell

El hombre cuyo invento puso a HABLAR al mundo y lo hizo parecer un poco más chico

Todo sobre mí

- **NACIMIENTO:** 1847
- **MUERTE:** 1922
- **NACIONALIDAD:** Escocés
- **DATO CURIOSO:** También inventé el primer detector de metales.
- **EN RESUMEN:** Nací en Edimburgo, Escocia, pero viví y trabajé en los E.U. y Canadá.

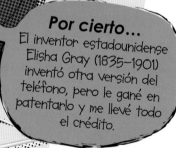

Las primeras palabras pronunciadas al teléfono fueron: "Sr. Watson, venga, quiero verlo".

La máquina de habla eléctrica

Antes, los mensajes de larga distancia se enviaban por telégrafo, con un código electrónico transmitido por cables. Bell pensó en usar estos cables para *transmitir la voz humana*. En 1875, con ayuda del estadounidense Thomas Watson (1854-1934), creó su primera **máquina de habla eléctrica** o, como se conoce hoy, el **TELÉFONO**. En 1878, Bell sostuvo el primer intercambio telefónico en Connecticut, E.U.

Por cierto...
El inventor estadounidense Elisha Gray (1835–1901) inventó otra versión del teléfono, pero le gané en patentarlo y me llevé todo el crédito.

Trabajo con los sordos

El trabajo de Bell con los sordos lo condujo a inventar el teléfono y el micrófono. *La madre de Bell era sorda* y su padre desarrolló un **SISTEMA DE HABLA VISIBLE** para ayudar a niños sordos a aprender a hablar. En 1872, Bell abrió la Escuela de Fisiología Vocal y Mecánica del Habla (izq.) en Boston para capacitar a los maestros que **ayudaban a los niños sordos** a aprender el sistema.

Tomás Edison

Un prolífico inventor cuyas ideas ayudaron a que el mundo fuera un sitio mucho más BRILLANTE

Todo sobre mí

- **NACIMIENTO:** 1847
- **MUERTE:** 1931
- **NACIONALIDAD:** Estadounidense
- **DATO CURIOSO:** Patenté casi 1 100 inventos.
- **EN RESUMEN:** Nací en Ohio, E.U. A los 12 años ya estaba casi sordo. En realidad no me importaba porque me ayudaba a concentrarme.

Un alambre delgado (filamento) brilla cuando la electricidad lo recorre.

Por cierto...
También patenté el fonógrafo (reproductor de música) y el cinetógrafo (grabador de imágenes móviles).

Hágase la luz

Los **FILAMENTOS** de las primeras bombillas eran demasiado brillantes y se quemaban después de unas cuantas horas. Edison hizo **4 700 experimentos** para encontrar un mejor material. En 1879 intentó usar carbón y creó una bombilla que duraba 1 500 horas, *volviéndola práctica por primera vez*.

Revolución eléctrica

Para que su invento fuera útil, la gente necesitaba **TENER ELECTRICIDAD**. Así que Edison inventó una manera de producir electricidad y distribuirla por cables a las casas y negocios. En 1882, construyó la primera estación eléctrica pública, la *Estación de Luz Edison* en Londres y ocho meses después en Estados Unidos, en Nueva York. Para 1890, **cientos de poblados** en el mundo tenían estaciones de Edison y pronto la electricidad se convirtió en parte de la vida cotidiana.

Alfred Nobel

El hombre que le puso el BANG a la paz

En vida, Nobel inventó varios explosivos, pero tras su muerte su nombre promueve la paz y el aprendizaje.

Joven químico

Alfred Nobel nació en 1833 en Estocolmo, Suecia. Su **padre fue ingeniero e inventor**. En 1842, su familia se mudó a Rusia donde su padre empezó un negocio de ingeniería que construía *equipo para el ejército del Zar* (el rey ruso). Cuando tenía 17 años, Nobel se fue a estudiar **INGENIERÍA QUÍMICA** en el extranjero.

Creación explosiva

Nobel estaba fascinado con los **EXPLOSIVOS** y quería hacerlos más seguros, en particular la nitroglicerina, que era muy **inestable y peligrosa** (podía explotar si se caía). La mezcló con un tipo de sílice y la hizo mucho más estable y segura. Nobel llamó al nuevo explosivo "*dinamita*" y, gracias a ella, se hizo de una gran fortuna.

No lo hubiera logrado sin...

RAGNAR SOHLMAN *(1870-1948) tardó cinco años en convertir el testamento confuso de Nobel en el Premio Nobel actual.*

BERTHA VON SUTTNER *(1843-1914),* **PROMOTORA DE LA PAZ** *que influyó en él para incluir el* **PREMIO DE LA PAZ** *en su testamento.*

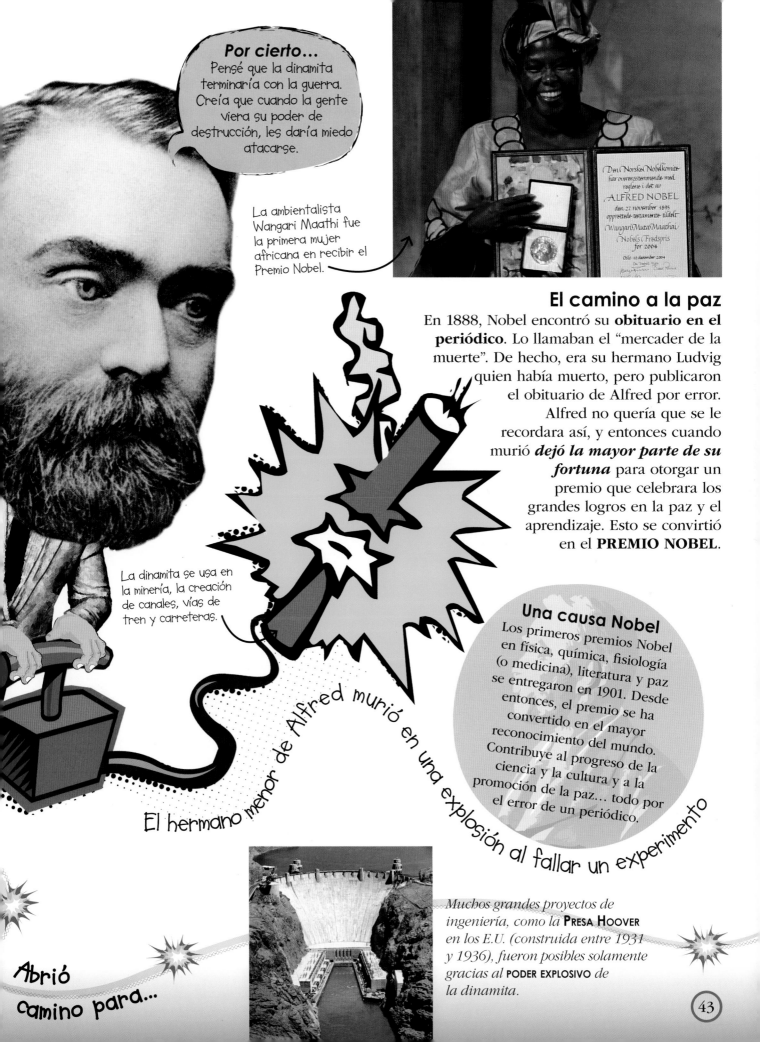

Por cierto...
Pensé que la dinamita terminaría con la guerra. Creía que cuando la gente viera su poder de destrucción, les daría miedo atacarse.

La ambientalista Wangari Maathi fue la primera mujer africana en recibir el Premio Nobel.

El camino a la paz

En 1888, Nobel encontró su **obituario en el periódico**. Lo llamaban el "mercader de la muerte". De hecho, era su hermano Ludvig quien había muerto, pero publicaron el obituario de Alfred por error. Alfred no quería que se le recordara así, y entonces cuando murió **dejó la mayor parte de su fortuna** para otorgar un premio que celebrara los grandes logros en la paz y el aprendizaje. Esto se convirtió en el **PREMIO NOBEL**.

La dinamita se usa en la minería, la creación de canales, vías de tren y carreteras.

Una causa Nobel

Los primeros premios Nobel en física, química, fisiología (o medicina), literatura y paz se entregaron en 1901. Desde entonces, el premio se ha convertido en el mayor reconocimiento del mundo. Contribuye al progreso de la ciencia y la cultura y a la promoción de la paz... todo por el error de un periódico.

El hermano menor de Alfred murió en una explosión al fallar un experimento

Abrió camino para...

Muchos grandes proyectos de ingeniería, como la **Presa Hoover** *en los E.U. (construida entre 1931 y 1936), fueron posibles solamente gracias al* **poder explosivo** *de la dinamita.*

Comida fácil

Hace no tanto, para tener comida duradera se cultivaban nabos. Si se quería rápida, el nabo se comía crudo. Estos hombres lo cambiaron.

Los hombres que hicieron COMIDA práctica

Peter Durand
(1766–1822)

Las guerras napoleónicas estaban en su auge en Europa y el ejército necesitaba una manera de **alimentar a sus soldados**. El británico Peter Durand escuchó que los franceses ***preservaban la comida*** en botellas de vidrio calentándola para esterilizarla. Como las botellas son frágiles, Durand tuvo la idea de usar **LATAS DE LATÓN** en vez del vidrio.

Durand inventó la primera lata en 1810 ⇨

Clarence Birdseye
(1886–1956)

Birdseye, inventor estadounidense, estaba trabajando en el Ártico cuando observó que los peces capturados se **congelaban casi instantáneamente** con los vientos helados. Por este motivo, el pescado ***sabía muy bien*** y entonces, al llegar a su casa en N.Y., copió el proceso de **CONGELACIÓN RÁPIDA**.

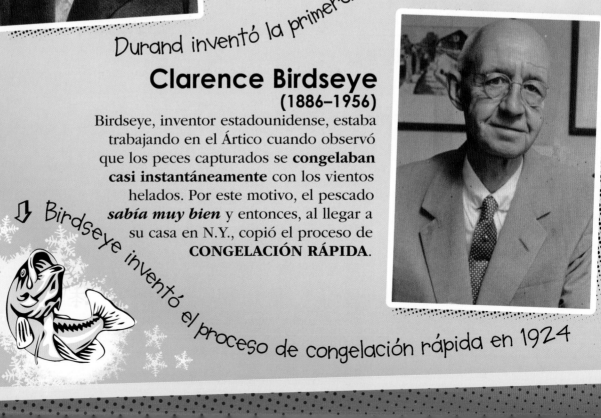

⇩ *Birdseye inventó el proceso de congelación rápida en 1924*

Percy Spencer
(1894–1970)

Spencer fue un ingeniero estadounidense que trabajaba con microondas. Un día, se paró **demasiado cerca** de una máquina y se dio cuenta de que el chocolate que traía en el bolsillo se había *derretido*. Experimentó con palomitas de maíz y se dio cuenta de que las **MICROONDAS** podían usarse para cocinar.

El primer horno de microondas costaba ₤3000 en 1947

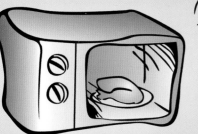

⬇ El primer horno de microondas

Kroc se aseguró de que la Big Mac supiera igual en todos sus restaurantes

Ray Kroc
(1902–1984)

Tras **desertar de la escuela**, Kroc se convirtió en un exitoso comerciante en los E.U. Consideraba que la comida rápida era muy lenta. Tuvo la idea de usar *las técnicas de líneas de producción de Henry Ford* en la comida para servirla mucho más rápido. En 1955, usó su idea en un pequeño restaurante llamado **McDONALD'S**.

Guglielmo Marconi

El inventor del primer SISTEMA DE RADIO
que recibió el Premio Nobel de Física

Todo sobre mí

- **NACIMIENTO:** 1874
- **MUERTE:** 1937
- **NACIONALIDAD:** Italiano
- **DATO CURIOSO:** Fui ingeniero y físico.
- **EN RESUMEN:** Nací en Boloña, Italia. Fui mal estudiante pero me fascinaba la ciencia y la electricidad.

La estrella de radio

De joven, Marconi leyó sobre el **descubrimiento de las ondas de radio** de Heinrich Hertz. Se preguntó si se podrían usar para transmitir información sin necesidad de cables. Empezó a experimentar y poco después logró hacer funcionar un timbre inalámbricamente. En 1896 logró la **primera transmisión de larga distancia** a un receptor a 1.6 km. En 1897 abrió la **COMPAÑÍA MARCONI**.

Cuando las estaciones de radio empezaron a transmitir sonido, Marconi empezó a construir sets de radio.

Los primeros mensajes de radio eran una serie de puntos y rayas llamado código Morse.

Por cierto...
Al morir, a los 63 años, todas las estaciones de radio me hicieron tributo con dos minutos de silencio.

Logro titánico

Al ver su potencial, las marinas británica e hindú adoptaron el **sistema de telégrafo inalámbrico** de Marconi. En 1901 pudo enviar mensajes a través del Atlántico. El radio de Marconi demostró su valor en 1912 en el **TITANIC**. Mientras el barco se hundía, los operadores pidieron ayuda. Dos navíos escucharon el llamado de auxilio y llegaron a **salvar 700 vidas**.

John Logie Baird

El hombre que inventó la primera TELEVISIÓN y le dio al mundo algo que ver

Todo sobre mí

- **NACIMIENTO:** 1888
- **MUERTE:** 1946
- **NACIONALIDAD:** Escocés
- **DATO CURIOSO:** Fui ingeniero e inventor.
- **EN RESUMEN:** De niño construí un teléfono en mi recámara para poder comunicarme con mis amigos.

Por cierto...
De veintitantos años, quise hacer diamantes calentando grafito, pero sólo logré hacer un corto circuito en la red eléctrica de Glasgow.

Baird empezó a vender teles en 1930, pero eran muy ruidosas por el disco rotatorio.

La estrella de TV

Los científicos llevaban **décadas intentando hacer una televisión**. El primer intento de Baird fue muy rudimentario pero, para 1924, ya había logrado *transmitir una imagen parpadeante* a una distancia corta. En 1926 demostró ante 50 científicos en Londres la **PRIMERA TELEVISIÓN DEL MUNDO**.

La TV mecánica

La TV de Baird no era el dispositivo electrónico que hoy conocemos sino algo más similar a **UNA MÁQUINA DE RELOJERÍA**. Usaba un **disco rotatorio de cartón**, con varios agujeros cuadrados. Al girar, cada agujero captaba una parte distinta de la imagen. Su TV produjo una *pequeña y parpadeante imagen de 30 líneas*, mientras que las modernas producen más de 1 000… no eran precisamente en alta definición.

Los hermanos Wright

Los padres del VUELO con motor

Por cierto...
Echamos una moneda al aire para ver quién volaría primero. Wilbur ganó pero el motor se le apagó. El intento de Orville fue el que hizo historia.

Estos pioneros hicieron el primer vuelo con motor que se sostuvo en el aire. Antes, el vuelo era una curiosidad inútil. Ellos lo convirtieron en el transporte del futuro.

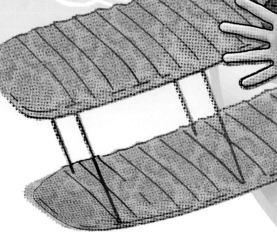

Wilbur Wright

Orville Wright

Jóvenes mecánicos

Wilbur Wright nació en 1867 en Indiana, E.U. y su hermano, Orville, cuatro años después. Desde muy pequeños, ambos niños estaban *obsesionados* con todo lo **MECÁNICO** y con la idea de volar. En 1895, ya estaban construyendo sus propias bicicletas pero poco tiempo después empezaron a soñar con construir sus propias **máquinas voladoras**.

Las cosas mejoran

Wilbur escribió al Instituto Smithsoniano, un famoso museo de Washington, y pidió toda la información que tuvieran sobre aeronáutica (la ciencia del vuelo). Los hermanos estudiaron las **AVES** y usaron lo aprendido para construir **planeadores**. Construyeron un túnel de viento para probar sus diseños pero se percataron de que si querían que su máquina voladora recorriera distancias, haría falta algo que la *impulsara*.

No lo hubieran logrado sin...

*Wilbur se inspiró para su **AERONAVE** al leer sobre un piloto de planeadores alemán, **OTTO LILIENTHAL** (1848-1896), un pionero de la aviación.*

Orville se eleva al cielo en el Wright Flyer.

Volando alto

Los hermanos empezaron a construir su propio **MOTOR** y crearon un diseño completamente nuevo de hélice cuyas aspas se basaban en el diseño de las alas. Para 1903, su planeador con motor estaba listo para un vuelo de prueba y el 17 de diciembre, el *Wright Flyer* levantó el vuelo con Orville al volante. Su primer intento duró sólo 12 segundos y recorrió apenas 36.5 m, pero alcanzaron su **sueño de la infancia**.

¡A volar!

El cielo (no) es el límite

En la época en la que los hermanos Wright hicieron su vuelo famoso, un barco tardaba tres semanas en cruzar el Atlántico. Hoy en día, esa misma distancia se recorre en unas cuantas horas en avión. El invento de los hermanos acercó al mundo y fue el primer paso en el viaje de la humanidad a la Luna y más allá.

Abrieron camino para...

Los aviones de pasajeros fueron posibles por el invento del **MOTOR A REACCIÓN** del ingeniero inglés **FRANK WHITTLE** (1907-1996).

Apenas 58 años después del primer vuelo de Orville, un ruso llamado **YURI GAGARIN** (1934-1968) fue el primer humano en ir al **ESPACIO**.

Henry Ford

El hombre que CONDUJO al mundo al cambio

Henry Ford fue pionero de las líneas de ensamblaje y transformó el auto de artículo de lujo para los ricos en método de transporte al alcance de todos.

Primera velocidad

Henry Ford nació en Dearborn, Michigan, E.U. en 1863. Creció en la granja familiar y le encantaba *experimentar* con la maquinaria. Después de construir su primer carruaje sin caballo en 1896 conoció al inventor **THOMAS EDISON** quien lo alentó a construir más.

Un coche para las masas

Ford quería construir un coche al alcance de todos y, en 1908, su Ford Motor Company creó el **MODELO T.** Las líneas de producción permitieron producir el Modelo T **más rápido y más barato** que cualquier otro fabricante. Los otros coches costaban en aquel entonces casi 3 000 USD y el Modelo T *sólo 825*.

¿Sabías que...?
Ford mejoró las condiciones laborales en sus fábricas aumentando el salario y reduciendo las horas.

En su auge, se construía un Modelo T ¡cada 24 segundos!

No lo hubiera logrado sin...

En 1804 el inventor estadounidense **OLIVER EVANS** *(1755-1819) inventó un vehículo terrestre de vapor: el **ORUKTOR AMPHIBOLIS**.*

En 1885, el ingeniero alemán **KARL BENZ** *(1844-1929) construyó el **PRIMER COCHE** impulsado por un motor de combustión interna.*

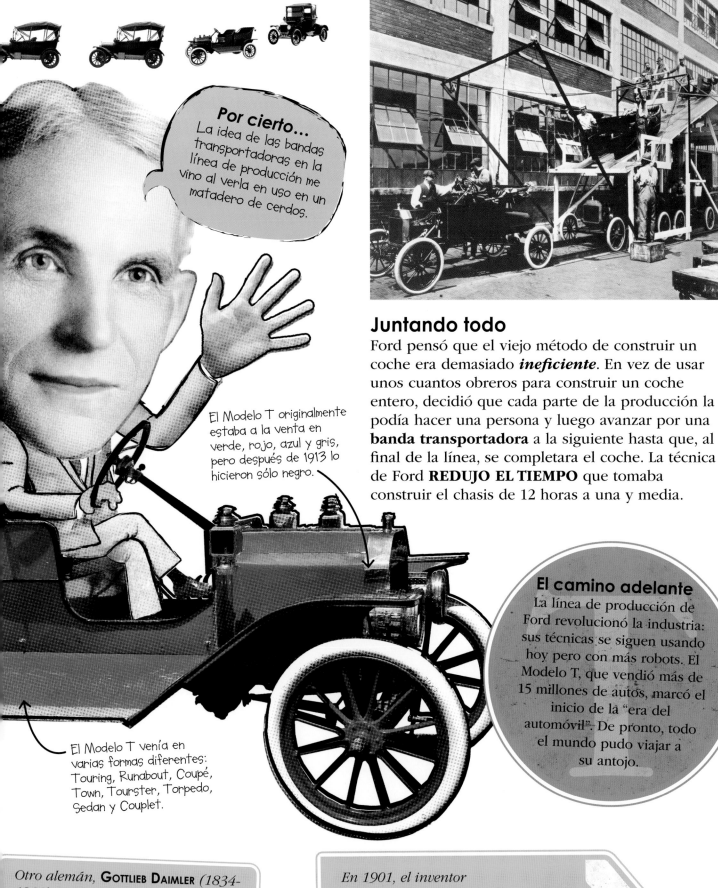

Por cierto...
La idea de las bandas transportadoras en la línea de producción me vino al verla en uso en un matadero de cerdos.

El Modelo T originalmente estaba a la venta en verde, rojo, azul y gris, pero después de 1913 lo hicieron sólo negro.

El Modelo T venía en varias formas diferentes: Touring, Runabout, Coupé, Town, Tourster, Torpedo, Sedan y Couplet.

Juntando todo

Ford pensó que el viejo método de construir un coche era demasiado *ineficiente*. En vez de usar unos cuantos obreros para construir un coche entero, decidió que cada parte de la producción la podía hacer una persona y luego avanzar por una **banda transportadora** a la siguiente hasta que, al final de la línea, se completara el coche. La técnica de Ford **REDUJO EL TIEMPO** que tomaba construir el chasis de 12 horas a una y media.

El camino adelante

La línea de producción de Ford revolucionó la industria: sus técnicas se siguen usando hoy pero con más robots. El Modelo T, que vendió más de 15 millones de autos, marcó el inicio de la "era del automóvil". De pronto, todo el mundo pudo viajar a su antojo.

Otro alemán, **GOTTLIEB DAIMLER** (1834-1900) inventó el primer **MOTOR DE PETRÓLEO DE ALTA VELOCIDAD** y el primer automóvil de cuatro ruedas.

En 1901, el inventor estadounidense **RANDSOM E OLDS** (1864-1950) inició el uso de la **LÍNEA DE PRODUCCIÓN** para construir coches.

Steve Jobs y Steve Wozniak

Los inventores de la COMPUTADORA CASERA

En el pasado, las computadoras personales tenían que ensamblarse y solamente las podían usar los cerebritos muy técnicos. Apple cambió todo esto.

Los dos Steves

Ambos Steves nacieron en California. Wozniak nació en 1950 en Sunnyvale, E.U. y era aficionado a la electrónica. Jobs nació en San Francisco en 1955 y creció en el área que se convertiría más tarde en **Silicon Valley**. Se conocieron cuando Jobs consiguió un empleo de verano en Hewlett Packard, donde Wozniak trabajaba. En 1976, ambos renunciaron para crear **APPLE**. Su meta era crear *una computadora barata que fuera fácil de usar*.

El iPad es un dispositivo de pantalla táctil para navegar en internet, ver películas, jugar y leer libros electrónicos.

Por cierto…
Vendí mi camioneta Volkswagen y Woz su calculadora científica para tener suficiente dinero para construir la Apple I.

El código binario es un lenguaje d cómputo que representa los dato con los dígitos 0 y 1. La letra "i" en código binario es 01101001.

No lo hubieran logrado sin...

CHARLES BABBAGE *(1791-1871) construyó la primera "computadora" en la década de 1820. Su máquina, o "motor de diferencias", realizaba* **CÁLCULOS MATEMÁTICOS.**

ALAN TURING *(1912-1954) diseñó la primera* **COMPUTADORA MODERNA** *con código binario y cinta magnética para datos en 1936.*

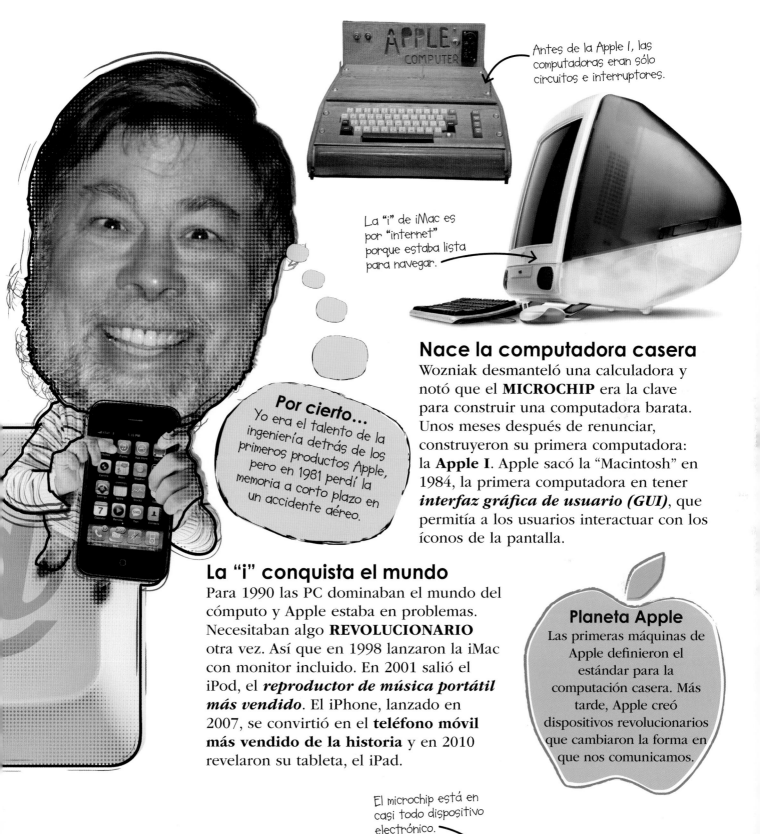

Antes de la Apple 1, las computadoras eran sólo circuitos e interruptores.

La "i" de iMac es por "internet" porque estaba lista para navegar.

Por cierto...
Yo era el talento de la ingeniería detrás de los primeros productos Apple, pero en 1981 perdí la memoria a corto plazo en un accidente aéreo.

Nace la computadora casera

Wozniak desmanteló una calculadora y notó que el **MICROCHIP** era la clave para construir una computadora barata. Unos meses después de renunciar, construyeron su primera computadora: la **Apple I**. Apple sacó la "Macintosh" en 1984, la primera computadora en tener *interfaz gráfica de usuario (GUI)*, que permitía a los usuarios interactuar con los íconos de la pantalla.

La "i" conquista el mundo

Para 1990 las PC dominaban el mundo del cómputo y Apple estaba en problemas. Necesitaban algo **REVOLUCIONARIO** otra vez. Así que en 1998 lanzaron la iMac con monitor incluido. En 2001 salió el iPod, el *reproductor de música portátil más vendido*. El iPhone, lanzado en 2007, se convirtió en el **teléfono móvil más vendido de la historia** y en 2010 revelaron su tableta, el iPad.

Planeta Apple
Las primeras máquinas de Apple definieron el estándar para la computación casera. Más tarde, Apple creó dispositivos revolucionarios que cambiaron la forma en que nos comunicamos.

El microchip está en casi todo dispositivo electrónico.

EL TRANSISTOR, *lanzado en la década de 1950, revolucionó la electrónica moderna y* **ABARATÓ LOS APARATOS**. *Se usa para amplificar y alternar señales electrónicas.*

ROBERT NOYCE *(1927-1990) y* **JACK KILBY** *(1923-2005) inventaron el* **CIRCUITO INTEGRADO** *(microchip) en 1959, que hizo posible la computación moderna.*

Todo sobre mí

- **NACIMIENTO:** 1955
- **NACIONALIDAD:** Inglesa
- **DATO CURIOSO:** Soy ingeniero en computación.
- **OTRO DATO CURIOSO:** Fui hacker en Oxford.
- **EN RESUMEN:** Fui ingeniero de software de la Organización Europea para la Investigación Nuclear (CERN) en Ginebra, Suiza.

Por cierto... Mi invento me podría haber hecho muy rico, pero quise que internet fuera gratuito para todos.

Tras crear una página web, la información se sube al servidor.

Un navegador decodifica estos paquetes y los muestra en el navegador.

La información se guarda en servidores y se divide en paquetes de código.

Tim Berners-Lee

El cerebrito que usó la WORLD WIDE WEB para conectar el mundo

Creando la red

En 1991 Tim creó la **World Wide Web** para que la gente pudiera tener acceso sencillo a la información guardada en internet, la red global de computadoras y servidores. Su primer **SITIO WEB** no era muy impresionante, era sólo verde y negro, pero cambió la manera en que *accedemos a la información* para siempre.

Un uso para internet

Internet se creó en 1969 pero solamente se usaba para vincular computadoras en diferentes universidades estadounidenses. La World Wide Web, inventada por Berners-Lee más de 20 años después, es realmente una colección de **documentos hipervinculados llamados sitios web**, posible gracias a internet. Tim también creó el primer **NAVEGADOR** que es un programa que permite a la gente encontrar, ver e interactuar con estos sitios web.

Mark Zuckerberg

El joven que creó FACEBOOK, se volvió muy rico e hizo que todos se hicieran amigos

Por cierto…
Soy daltónico e hice Facebook principalmente azul porque no puedo ver la diferencia entre el rojo y el verde.

Todo sobre mí

- **NACIMIENTO:** 1984
- **NACIONALIDAD:** Estadounidense
- **DATO CURIOSO:** La primera oficina de Facebook estaba en mi recámara.
- **OTRO DATO CURIOSO:** Facebook se llamaba originalmente "The Facebook".
- **EN RESUMEN:** Nací en White Plains, N.Y. y en la escuela destaqué en ciencias.

Niño prodigio

Cuando Mark tenía 12 años, creó un programa de mensajería llamado **"ZUCKNET"** y en la preparatoria diseñó un programa de música en línea llamado "Synapse". En la *Universidad de Harvard*, inventó "Facemash", que permitía a la gente **comparar los rostros de estudiantes** y evaluar su atractivo.

El rostro del éxito

En 2004, Mark creó **FACEBOOK**, que le permitía a los usuarios crear sus propios perfiles, subir fotografías y *comunicarse con sus amigos*. Al principio, el sitio era sólo para estudiantes de Harvard, pero Mark y sus amigos pronto se **expandieron** e incluyeron a otras universidades y luego a todo el mundo.

Perfil: Crea tu página para que tus amigos sepan más cosas sobre ti.

Amigos: Usa el menú para ver una lista de todos tus amigos.

Muro: Aquí es donde te pones al corriente con amigos, escribes mensajes y subes fotos.

Eventos: Avisa de tu próxima fiesta de cumpleaños usando la página de eventos.

sobresalientes

Cuando este grupo de sabios se puso a pensar, surgieron varias ideas nuevas y muy influyentes. Algunos intentaron averiguar cómo funcionaba el mundo mientras que otros decidieron hacer algo sobre el sufrimiento y la injusticia. Ya sean filósofos, líderes religiosos, activistas de derechos humanos o conservacionistas, estos pioneros nos dieron algo en qué pensar.

Confucio

El FILÓSOFO chino que accidentalmente inició una nueva religión

Confucio le enseñó a los gobernantes chinos cómo cuidar mejor a su gente. Sus ideas sencillas pero poderosas siguen influyendo gobiernos.

Ganándose la vida

Confucio nació en 551 a.C. cerca de Qufu, China. Su familia era rica y **aristocrática** pero estaba en **CRISIS**, así que él hizo muchas cosas para ganarse la vida, incluyendo trabajar como pastor y contable.

Confucio alentaba a sus estudiantes a encontrar el conocimiento haciendo preguntas.

El camino al conocimiento

Confucio empezó a enseñar cuando tenía unos 30 años. Creía que *todos tenían derecho a la educación* sin importar su condición social. Abrió una **ESCUELA** en su casa e incluso le permitió a algunos de sus estudiantes más pobres vivir con él. Confucio también trabajó como funcionario en el estado de Lu, pero rápidamente se **preocupó** por lo que vio ahí.

Abrió camino para...

El filósofo **MENCIO** *(390-305 a.C.) amplió las ideas de Confucio y declaró que la gente tenía el* DERECHO A DERROCAR A UN GOBERNANTE INJUSTO.

SHI HUANGDI *(259-210 a.C.) unificó China con las ideas de Confucio y se convirtió en su primer emperador. Construyó la* **GRAN MURALLA CHINA**.

Li es la virtud de la conducta correcta y la propiedad.

Ren es la virtud de la caridad y la humanidad.

Yi es la virtud de la honestidad y la rectitud.

Zhi es la virtud del saber y la ilustración.

Xin es la virtud de la fidelidad y la lealtad.

Por cierto...
Mi nombre era K'ung Ch'iu pero mis seguidores me llamaban "K'ung Fu-tzu" (Gran Maestro K'ung), que en occidente se volvió Confucio.

Durante sus viajes por China, Confucio atrajo varios grupos de estudiantes y discípulos.

Guiar con el ejemplo

Confucio se dio cuenta de que la **corrupción imperaba** en el gobierno. Los gobernantes hacían su voluntad e incluso probaban su armamento con la servidumbre. Desarrolló un código moral llamado las "**CINCO VIRTUDES**". Creía que para que una sociedad fuera feliz y próspera eran necesarios un buen gobierno y funcionarios. Renunció y pasó 12 años viajando, enseñando y reuniendo estudiantes y discípulos. Se convirtió en ministro del estado de Lu y con sus métodos logró prácticamente *eliminar el crimen* y la agitación.

La religión accidental

En 136 a.C. las enseñanzas de Confucio se volvieron la religión estatal de China, el confucianismo. Por más de 2000 años, todos los funcionarios debían pasar un examen basado en sus ideas. Incluso hoy, muchos de los gobiernos y religiones mundiales tienen influencia de su filosofía.

El filósofo y estudioso chino **ZHU XI** *(1130-1200 d.C.) actualizó y complementó las ideas detrás del confucianismo que* **INFLUYERON EN EL GOBIERNO CHINO**.

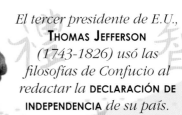

El tercer presidente de E.U., **THOMAS JEFFERSON** *(1743-1826) usó las filosofías de Confucio al redactar la* **DECLARACIÓN DE INDEPENDENCIA** *de su país.*

Aristóteles

El filósofo que ambicionó COMPRENDER el mundo

Este filósofo griego fue estudiante de Platón y también fue maestro de Alejandro Magno. Adicionalmente, se le considera el padre del método científico moderno.

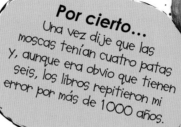

Por cierto...
Una vez dije que las moscas tenían cuatro patas y, aunque era obvio que tienen seis, los libros repitieron mi error por más de 1000 años.

Sed de conocimiento

Aristóteles nació en Estagira, Grecia, en 384 a.C. Su padre, Nicómaco, era el **doctor personal** del Rey Amintas de Macedonia. Si su padre no hubiera muerto cuando Aristóteles tenía 10 años, sin duda él hubiera *seguido sus pasos*, pero se interesó más en la búsqueda de **CONOCIMIENTOS**.

Aristóteles usaba una túnica que envolvía alrededor de su cuerpo llamada "himatión".

Estudiante y maestro

Aristóteles (de azul) ingresó a la **Academia de Platón** en Atenas a los 17 años. Platón (de rojo) (429-347 a.C.), estudiante de Sócrates (469-399 a.C.), convirtió su academia en el centro del aprendizaje de Grecia. Aristóteles permaneció ahí por 20 años pero cuando murió Platón se fue de Atenas y en 342 a.C. viajó a Macedonia para ser tutor de *Alejandro Magno*. Regresó a Atenas en 335 a.C. y empezó su propia escuela, el **LICEO**.

Abrió camino para...

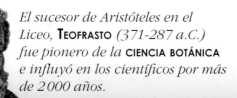

El sucesor de Aristóteles en el Liceo, **TEOFRASTO** (371-287 a.C.) fue pionero de la CIENCIA BOTÁNICA e influyó en los científicos por más de 2000 años.

El filósofo **AL-KINDI** (801-873 d.C.) se inspiró en la obra de Aristóteles y lideró una revolución en la ciencia y pensamiento musulmanes.

En busca del orden

Aristóteles usó el **método socrático de lógica** para intentar descifrar cómo funcionaba el mundo. Propuso una **clasificación lógica de las plantas y los animales**. Por ejemplo, clasificó a los animales que parecían similares en dos grupos: los que tenían sangre roja y los que no. Después dividió los grupos en **ESPECIES**.

Aristóteles tartamudeaba al hablar

Gran pensador

Aristóteles escribió sobre **DIFERENTES TEMAS**, desde la poesía y el teatro hasta la ética y la política. Usó su sistema de lógica para organizar diferentes **tipos de gobiernos**, clasificándolos en monarquías, tiranías, democracias y repúblicas, como se hace hoy. Sin embargo, también *cometió errores*. Pensaba que el Universo era una esfera con la Tierra al centro y esta idea no se cuestionó hasta la llegada de Copérnico (1473-1543) y Galileo (1564-1642).

En esta ilustración de Galileo en 1635 está Aristóteles (izq.) discutiendo astronomía con Ptolomeo (90–160 d. C.) al centro y Copérnico (der.)

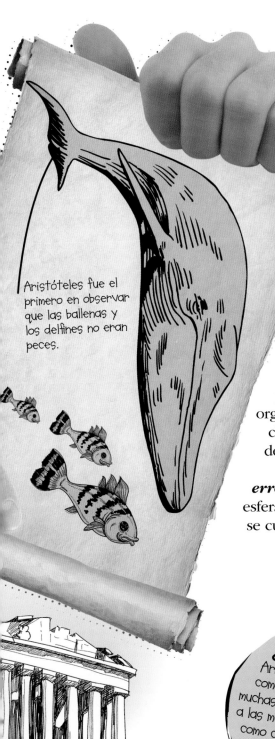

Aristóteles fue el primero en observar que las ballenas y los delfines no eran peces.

¿Sabías que...?
Aristóteles es recordado como un gran pensador en muchas áreas pero no valoraba a las mujeres. Las consideraba como ciudadanas de segunda sin derechos legales o políticos.

Pionero de la ciencia
Aristóteles escribió más de 200 libros. Fue pionero en el uso de la lógica en vez del misticismo y fundó la ciencia de la zoología. También abrió camino para el método científico moderno que enfatiza la observación y la experimentación.

Cuando las ideas de Aristóteles eran rechazadas entre los pensadores islámicos, **AVERROES** (1126-1198) defendió su obra y se convirtió en un gran científico y matemático.

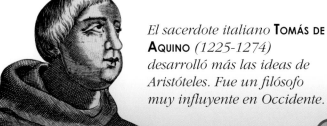

El sacerdote italiano **TOMÁS DE AQUINO** (1225-1274) desarrolló más las ideas de Aristóteles. Fue un filósofo muy influyente en Occidente.

Karl Marx

El hombre que pensó que la sociedad debía ser diferente y armó una REVUELTA entre los campesinos

Todo sobre mí

- **NACIMIENTO:** 1818
- **MUERTE:** 1883
- **NACIONALIDAD:** Alemán
- **DATO CURIOSO:** Morí antes de que mis ideas fueran reconocidas.
- **EN RESUMEN:** Nací en Trier, Alemania. Empecé como periodista pero adquirí ideas radicales de cómo debía vivir la gente.

Una nueva sociedad

Marx creía que las **sociedades capitalistas** (donde se trabaja para maximizar las ganancias) estaban administradas por los ricos *para su propio beneficio* y las clases bajas solo sufrían. Ideó una sociedad sin clases. En esta sociedad, todos tendrían su justa porción de los bienes y la riqueza producida. Esto se conocería como **COMUNISMO**.

Das Kapital

En 1867, Marx publicó sus ideas en el libro "Das Kapital".

La revuelta del pueblo

Las enseñanzas de Marx tuvieron su primer gran triunfo durante la **Revolución Rusa**. En 1917, las clases bajas de Rusia *derrocaron a la familia real*. Su nuevo líder, Vladimir Lenin, basó el gobierno en las ideas de Marx y creó una dictadura proletaria (un país regido por las clases bajas). En 1922 Rusia se convirtió en la **UNIÓN SOVIÉTICA**.

Todo sobre mí

- **NACIMIENTO:** 1856
- **MUERTE:** 1939
- **NACIONALIDAD:** Austriaco
- **DATO CURIOSO:** Los nazis odiaban tanto mis ideas que quemaron mis libros.
- **EN RESUMEN:** Fui el mayor de 8 hijos y estoy seguro de que era el favorito de mi madre.

Sigmund Freud

El psicólogo que se metió a la MENTE de sus pacientes e intentó descifrar los misterios de los sueños

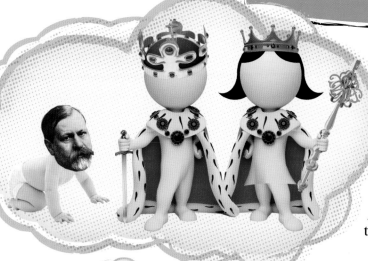

El poder de los sueños

Freud consideraba que los sueños eran una ventana a la mente. Pensaba que la **mente inconsciente** (la parte que no controlamos) usa **SÍMBOLOS** para representar lo que se quiere o se teme. Por ejemplo, en un sueño, *un rey y una reina* podrían representar a tus padres.

Cura por la palabra

Freud creía que las cosas que le sucedían a alguien durante su niñez *podían tener un efecto* en su vida adulta. Inventó una técnica llamada **PSICOANÁLISIS** en la cual las personas **hablaban sobre los acontecimientos** de su pasado. Freud interpretaba esos eventos para llegar a la raíz del problema.

Sus pacientes se recostaban en un diván en las sesiones.

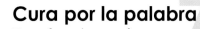

Por cierto… Dije que la mente estaba dividida en el "ello", el "yo" y el "superyó", que representan distintas partes de la personalidad.

Todo sobre mí

- **NACIMIENTO:** 1805
- **MUERTE:** 1881
- **NACIONALIDAD:** Jamaiquina
- **DATO CURIOSO:** Recibí medallas de Gran Bretaña, Francia y Turquía.
- **EN RESUMEN:** Mi padre era un soldado escocés y mi madre negra, lo cual me hizo mestiza.

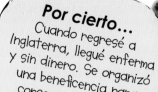

Por cierto...
Cuando regresé a Inglaterra, llegué enferma y sin dinero. Se organizó una beneficencia para conseguirme fondos.

Mary Seacole

Una ENFERMERA que, como Florence Nightingale, cuidó heridos en la Guerra de Crimea, pero con menos reconocimiento

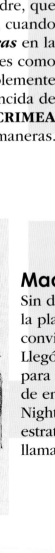

La enfermera decidida

Mary **aprendió medicina** de su madre, que cuidaba soldados heridos. En 1853, cuando supo sobre la *falta de enfermeras* en la Guerra de Crimea, fue a Londres como voluntaria. La rechazaron, probablemente por su raza, pero Mary estaba convencida de que podía ayudar, así que viajó a **CRIMEA** (en Europa oriental) de todas maneras.

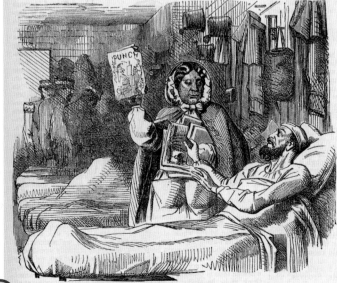

Madre Seacole

Sin dinero, **construyó un hospital** con madera de la playa, cajas viejas, y láminas de hierro que se convirtió en el *hogar de soldados enfermos*. Llegó incluso a incursionar en el campo de batalla para ayudar a los heridos. Su **VALENTÍA** y talento de enfermería la hicieron tan famosa como Nightingale, quien la despreciaba por su bajo estrato social y raza mixta. Sus pacientes la llamaban Madre Seacole.

Todo sobre mí

- **NACIMIENTO:** 1910
- **MUERTE:** 1997
- **NACIONALIDAD:** Albana
- **DATO CURIOSO:** Mi nombre real es Agnes Gonxha Bojaxhiu.
- **EN RESUMEN:** De niña escuché historias de misioneros cristianos y decidí que eso quería hacer.

Madre Teresa

La MONJA CATÓLICA que pasó 45 años cuidando a los pobres, los enfermos y los moribundos

Los misioneros

Teresa se sintió horrorizada por la **pobreza y sufrimiento** que pudo observar en las calles cuando enseñaba en **Kolkata** (o Calcuta), India. Inició una nueva orden, llamada los Misioneros de la Caridad, que daban asilo y cuidaban a los enfermos y moribundos (incluidos leprosos). También abrió muchos **ORFANATOS**.

Reconocimiento internacional

La obra de Teresa atrajo reconocimiento mundial. Recibió **124 premios** por su obra caritativa y el **PREMIO NOBEL DE LA PAZ** en 1979. A su muerte, los Misioneros de la Caridad tenían 160 misiones en 123 países donde todavía cuidan a los enfermos, moribundos y huérfanos, además de **alimentar y educar a los pobres**.

Por cierto…
El Papa Juan Pablo II me beatificó en 2003, el primer paso para convertirse en un santo.

A los 17 años, Teresa supo que sería monja

Juana de Arco

La ADOLESCENTE que desafió a Inglaterra

Casi todos los adolescentes se quejan de tener que limpiar sus habitaciones; Juana, a los 17 años, comandó el ejército francés contra los ingleses.

Joven campesina

Juana de Arco nació en la aldea francesa de Domrémy en 1412. Sus padres eran **campesinos** y ella no fue a la escuela. Cuando tenía nueve años, los ingleses **SAQUEARON** la zona donde vivía. A partir de ese día, Juana los *odió*.

Visitas extrañas

Un día, cuando Juana tenía apenas 12 años, dijo que estaba trabajando en las tierras de sus padres cuando vio algo *inusual*. Se aparecieron San Miguel, Santa Catarina y Santa Margarita y le dijeron que **SACARA A LOS INGLESES** de Francia.

Juana llevaba a todas las batallas una bandera decorada con la *Fleur-de-lis*, que quiere decir flor de lirio en francés.

Por cierto...
Durante una batalla por la liberación de París recibí un flechazo en la pierna, pero ni siquiera eso me hizo dejar el campo de batalla.

No lo hubiera logrado sin...

El futuro rey francés, **CARLOS VII** *(1403-1461) le dio a Juana el mando de su ejército en 1492.*

66

Guerrera adolescente

Dispuesta a respetar su **visión celestial**, Juana de Arco logró convencer al ejército francés de que la aceptara a sus 17 años. Tras persuadir al gobernante francés, el Delfín Carlos, de que la apoyara, obtuvo el mando del ejército, libertó a la ciudad de Orléans del **sitio inglés** y consiguió una serie de victorias **ESPECTACULARES**.

Fin del camino

A Juana se le terminó la suerte tras ser **capturada** en Compiègne y vendida a los ingleses. La juzgaron por herejía y la declararon **culpable**. En 1431, a la edad de 19 años, la **QUEMARON** en la hoguera en Rouen, Francia.

Héroe nacional

Incluso sin creer en las visiones celestiales, la historia de Juana es impresionante. Sus acciones le dieron a Francia un sentido de orgullo nacional y mujeres de todo el mundo la consideran fuente de inspiración.

¿Sabías que...?

El Papa Calixto III declaró que Juana era inocente 25 años después de su ejecución y luego la proclamó una mártir.

En 1429, la poeta **Christine de Pizan** *(1363 -c. 1430) escribió el primer poema sobre los logros de Juana, aumentando su estatus legendario.*

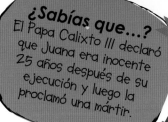

En 1920, el **Papa Benedicto XV** *(1854-1922) declaró a Juana de Arco una santa. Hoy, es una santa muy popular de la Iglesia Católica.*

Martin Luther King

El rey de la IGUALDAD de razas

King fue un clérigo estadounidense que era la voz de los negros y el líder del movimiento de los derechos civiles.

De pastor a manifestante

Martin Luther King Jr. nació en Atlanta, Georgia, E.U. en 1929 y se educó como **ministro bautista**. En 1955, cuando arrestaron a Rosa Park, una mujer negra, por **negarse a ceder su asiento en el autobús** a un blanco, empezó a dirigir el **MOVIMIENTO DE LOS DERECHOS CIVILES** y peleó por la igualdad de derechos para los negros.

Por cierto...
Unas 200 000 personas asistieron al Monumento a Lincoln en Washington, D.C. para escuchar mi famoso discurso "Tengo un sueño".

La sociedad dividida

En los Estados Unidos en la década de 1950 había mucha **SEGREGACIÓN RACIAL**. A muchos negros se les negaba el **derecho al voto** y se les obligaba a vivir en viviendas separadas. En los letreros de parques, baños, teatros y bebederos se podía leer **"de color" y "sólo blancos"**.

No lo hubiera logrado sin...

El 16° presidente de E.U. **ABRAHAM LINCOLN** *(1809-1865) que* **ABOLIÓ LA ESCLAVITUD** *en su país.*

Lucha por un sueño

Después del arresto de Rosa Parks, King lideró un boicot del sistema de autobuses. Organizó **protestas masivas** que, a pesar de ser pacíficas, fueron atacadas y King fue arrestado y encarcelado. Tras su liberación, lideró una **manifestación enorme** en Washington en 1963, donde dio su famoso discurso con la frase: "**TENGO UN SUEÑO**: que mis cuatro hijos pequeños vivan un día en una nación donde no se les juzgue por el color de su piel sino por el contenido de su carácter."

En su discurso, King pidió el fin de la discriminación.

Amargo fin

Las ideas de King eran muy impopulares entre los estadounidenses blancos. Lanzaron **bombas incendiarias** a su casa y lo arrestaron **más de 30 veces**. El 4 de abril de 1968 lo **ASESINARON** en Memphis, Tennessee. Su muerte desató levantamientos en más de 100 ciudades de los E.U.

King está enterrado con su esposa cerca de donde creció.

Se realiza el sueño

La marcha de 1963 en Washington y el conmovedor discurso lograron que los políticos ya no hicieran caso omiso de los derechos civiles. En 1964 la discriminación racial se declaró ilegal. Ese año, King se convirtió en el ganador más joven del Premio Nobel de la Paz.

ROSA PARKS (1913-2005) se volvió símbolo del movimiento de los derechos civiles tras negarse a ceder su asiento.

King se inspiró en las protestas pacíficas de **MAHATMA GANDHI** (1869-1948) contra del gobierno inglés en la India.

Líderes religiosos

Nuevas VISIONES del sentido de la vida

Las enseñanzas de Buda, Jesús, Mohamed y Gurú Nanak tuvieron un profundo impacto en la historia y las vidas de millones de personas.

Buda Gautama
(563–483 a.C.)

Gautama creció en un palacio en el actual Nepal y advirtió que en el mundo había mucha gente desdichada. Buscó **una respuesta al sufrimiento humano** y experimentó la "iluminación", el conocimiento de la verdad sobre la vida. Los **BUDISTAS** intentan vivir una vida de **cordialidad y moralidad**, apartados de los deseos materiales.

La rueda representa los ocho caminos del budismo ⇒

Jesús
(4 a.C.-30 d.C.)

Jesús nació en Belén en una comunidad judía que vivía bajo el imperio romano. Después de que Juan Bautista lo bautizara, empezó a predicar que el **reino de Dios** estaba por iniciar. Sanó a los enfermos, *realizó prodigios*, y enseñó arrepentimiento y perdón. Las autoridades romanas lo crucificaron por agitador pero los **CRISTIANOS** creen que resucitó de los muertos y que vive eternamente.

El pez era un símbolo temprano de la cristiandad ⇒

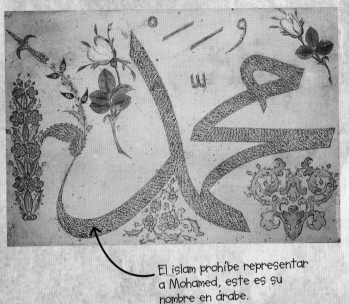

El islam prohíbe representar a Mohamed, este es su nombre en árabe.

Mohamed
(570-632 d.C.)

Mohamed creció en Meca, en lo que hoy es Arabia Saudita. En sus enseñanzas dijo que se le había entregado la palabra directa de Dios (o Alá, en árabe), el *Qur'an*, de manos del ángel Gabriel y que fue enviado como el **profeta de Alá** para difundir este mensaje. Aunque se enfrentó a oposición al principio, logró hacerse de muchos seguidores y el **ISLAM**, que significa "sumisión a Alá" en árabe, se extendió por el mundo.

⇦ La luna y la estrella son el símbolo del islam

Gurú Nanak
(1469-1539 d.C.)

Gurú Nanak nació como hindú en Nankana, el actual Pakistán. *Buscó la verdad sobre Dios* y tuvo una experiencia que describió como ser transportado a la corte divina. A partir de esto, empezó a enseñarle a la gente que una **profunda conciencia de Dios** era más importante que las costumbres de la religión. Sus seguidores se llaman "**SIJS**" que significa "discípulos".

⇧ El khanda simboliza el poder universal y creativo de Dios

Emmeline Pankhurst

La mujer que le dio voz a las MUJERES

Por cierto...
No en todos los países fue tan difícil. Las mujeres obtuvieron el voto en Nueva Zelanda en 1893 y en Australia en 1902.

En una época en que las mujeres eran vistas mas no escuchadas, Pankhurst se dio a notar y ciertamente también a escuchar.

Un inicio peleado

Emmeline nació en 1858 en Manchester, Inglaterra. Su familia tenía **POLÍTICAS RADICALES**. Su esposo, Richard Pankhurst, apoyaba los *derechos de las mujeres* y redactó una ley que permitía que las mujeres casadas conservaran sus propiedades.

Posicionamiento firme

En 1889, Emmeline fundó la Liga en Favor del Derecho al Voto de la Mujer que **promovía que la mujer** tuviera derecho al voto en elecciones locales. En 1903, ayudó a crear la Unión Política y Social de la Mujer (WSPU). La WSPU pronto se ganó la *reputación de actividades radicales*. Sus miembros recibieron el nombre de "**SUFRAGISTAS**" como broma en un diario.

Los colores de las sufragistas eran morado (dignidad), blanco (pureza) y verde (esperanza).

No lo hubiera logrado sin...

NICHOLAS DE CODORCET (1743-1794) *y* **OLYMPE DE GOUGES** (1748-1793) *defensores de los derechos de la mujer.*

La escritora **MARY WOLLSTONECRAFT** *(1759-1797) sostuvo que las mujeres no eran personas inferiores.*

Una batalla difícil

Cualquier cosa era posible en las manifestaciones de las sufragistas: rompían ventanas, incendiaban edificios y hacían **huelgas de hambre**. A Emmeline la **ARRESTARON MUCHAS VECES** y se puso en huelga de hambre. En 1913, una sufragista llamada Emily Davison murió al protestar *lanzándose bajo el caballo del rey* en una carrera.

Éxito al fin

Durante la guerra, mientras los hombres luchaban, las **mujeres tuvieron que trabajar**. En 1918, finalmente se les dio el **DERECHO AL VOTO** a las mayores de 30 años. Diez años después, justo tras la muerte de Emmeline, se les permitió votar a los 21, al igual que a los hombres.

En las prisiones, se forzaba a las sufragistas a comer para evitar que murieran ahí

Una voz para las mujeres

Pankhurst, entre otras, se aseguró de que las mujeres tuvieran los mismos derechos que los hombres. Hoy, todas las inglesas tienen el derecho al voto a los 18 años. En E.U. se obtuvieron estos derechos en 1920.

KATE SHEPPARD *(1847-1934) lideró el cambio por el voto femenino en Nueva Zelanda, el primer país en otorgarlo.*

La promotora **SUSAN B ANTHONY** *(1820-1906) viajó por el mundo hablando sobre los derechos de las mujeres en E.U.*

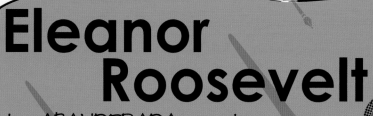

Eleanor Roosevelt

La ABANDERADA social que se volvió una de las mujeres más influyentes del siglo XX

Todo sobre mí

- **NACIMIENTO:** 1884
- **MUERTE:** 1962
- **NACIONALIDAD:** Estadounidense
- **DATO CURIOSO:** Mi esposo fue presidente de los E.U.
- **EN RESUMEN:** A los 15 años me enviaron a una escuela cerca de Londres donde me enseñaron la importancia del pensamiento independiente.

Eleanor escribió su popular columna de periódico "Mi día" de 1935 a 1962.

Una primera dama con corazón

El esposo de Eleanor, Franklin, fue presidente de los E.U. de 1933 a 1945. En ese periodo, ella expuso sus ideas y opiniones en una **columna de periódico**. Ayudó a crear la **ADMINISTRACIÓN NACIONAL DE LA JUVENTUD** (NYA) que capacitaba a los jóvenes de ambos sexos. Durante la Segunda Guerra Mundial ayudó a reunir voluntarios civiles y *visitó a las tropas en el extranjero*.

Por cierto...
La gente quería que me postulara para vicepresidente de Truman en 1948, pero a mí no me interesó.

Eleanor con los miembros de la Comisión de Derechos Humanos en 1946.

La embajadora de la ONU

En 1946, Eleanor se convirtió en la primera presidenta de la *Comisión de los Derechos Humanos de la ONU*. Dos años después, ayudó a crear la **"DECLARACIÓN UNIVERSAL DE LOS DERECHOS HUMANOS"** que establecía que todos tenían las mismas libertades y derechos. También apoyó la fundación del Estado de Israel e intentó **abrir negociaciones** con la Unión Soviética durante la Guerra Fría en un momento de gran hostilidad política entre la URSS y los Estados Unidos.

Todo sobre mí

- **NACIMIENTO:** 1945
- **NACIONALIDAD:** Birmana
- **DATO CURIOSO:** Gané el Premio Nobel de la Paz en 1991.
- **OTRO DATO CURIOSO:** Mi padre, Aung San, fue asesinado tras ayudar a negociar la independencia de Birmania en 1947.
- **EN RESUMEN:** Nací en Rangún, Birmania. Estudié en la Universidad de Oxford en Inglaterra y luego fui ama de casa en Londres.

Un símbolo de esperanza

En 1988, Suu Kyi partió de Londres a Birmania para cuidar a su madre. En esa época, **la violencia abatía** al país. La gente *exigía democracia* pero el gobierno militar empleaba al ejército contra ellos. Suu Kyi se atrevió a levantarse en un rally y hacer un **LLAMADO POR LA LIBERTAD**.

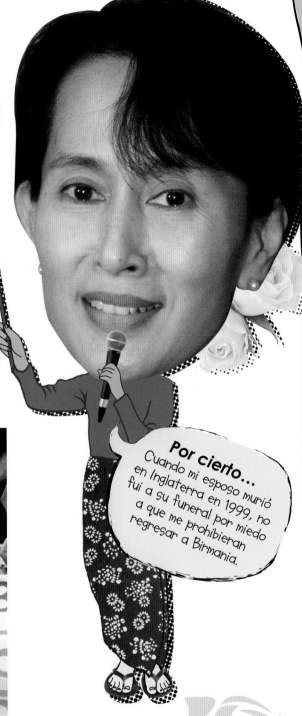

El pavorreal guerrero en la bandera de NLD representa la protesta contra el gobierno militar.

Por cierto... Cuando mi esposo murió en Inglaterra en 1999, no fui a su funeral por miedo a que me prohibieran regresar a Birmania.

RELEASE
LEAGUE FOR DEMOCRACY
FREE
SOS
AUNG SAN SUU KYI IMMEDIATELY

Bajo arresto domiciliario

En el mismo año (1988) ayudó a fundar la *Liga Nacional por la Democracia* (NLD) pero un nuevo partido militar (junta) tomó el poder y la condenaron a **ARRESTO DOMICILIARIO** en 1989. A pesar de que ella no asistió, la NLD ganó fácilmente la primera elección del país en 30 años, pero **la junta se negó a soltar el poder** y Suu Kyi permaneció en arresto domiciliario hasta 2010.

Aung san suu Kyi

La mujer que luchó por la LIBERTAD de la gente de Birmania

Jane Goodall

La campeona de los CHIMPANCÉS

Jane Goodall pasó 45 años estudiando a los chimpancés en libertad y le mostró al mundo que son mucho más parecidos a nosotros de lo que se pensaba.

Desde África

Goodall nació en Londres en 1934. Desde pequeña **SOÑABA CON TRABAJAR CON ANIMALES** en libertad. A los 26 años viajó al Parque Nacional de Gombe en África oriental para estudiar a los chimpancés. El paleontólogo Louis Leakey aportó fondos a la investigación de Goodall notando su **talento para observar y su paciencia**.

Por cierto...
A diferencia de muchos investigadores, nombré a todos mis chimpancés. Otros científicos sólo les daban un número para no apegarse.

Conoce a la familia

Al principio, Goodall tuvo problemas para *interactuar con los chimpancés* y con frecuencia huían cuando ella se acercaba. Sin embargo, después de unos meses, empezaron a **ACEPTAR SU PRESENCIA** en su mundo.

No lo hubiera logrado sin...

JOHN MUIR *(1838-1914) fue un aventurero y conservacionista estadounidense que instauró los primeros* **PARQUES NACIONALES** *de los E.U.*

Sorprendentes descubrimientos

Tras varios años de observar y estudiar a los chimpancés, Jane notó que eran **muy similares a los humanos**. Observó que contaban con una estructura social, ciudaban a sus amigos y tenían guerras. Observó cómo **CREABAN HERRAMIENTAS** con rocas, ramas, tallos y hojas.

Estos jóvenes chimpancés intentan hacer herramientas con ramas y rocas.

Cosas de monos

Para proteger a sus amigos peludos, en 1977 Jane fundó el **Instituto Jane Goodall para la Investigación, Educación y Conservación de la Vida Silvestre** con el fin de continuar la investigación sobre estos monos y **PROTEGER SUS HOGARES**.

El veterinario revisa un chimpancé protegido en la isla Ngamba, Uganda, un santuario asociado con el Instituto Jane Goodall.

¿Sabías que...?
Los chimpancés usan hojas masticadas como esponjas para absorber agua y ramas para comer insectos.

Grandes simios
El trabajo de Jane ahora es el estudio continuo más largo de cualquier animal silvestre. Nos mostró que tienen personalidades, que viven en sociedades complejas y que no son tan distintos a nosotros.

Una de las primeras promotoras de la **CONSERVACIÓN MUNDIAL**, *fue la bióloga marina* **RACHEL CARSON** *(1907-1964).*

La zoóloga estadounidense **DIAN FOSSEY** *(1932-1985) estudió a los* **GORILAS DE MONTAÑA** *y se dedicó a protegerlos.*

Líderes

Este grupo dejó su marca al ser líderes del resto. Algunos tenían sed de pelea, poder y gloria y ganaron grandes imperios y riquezas. Otros derrocaron a sus gobernantes porque pensaban que podían hacer un mejor trabajo. Pero no todos buscaban pleito; unos cuantos sólo querían paz e igualdad. Ya fueran monarcas, generales o libertadores, estos líderes tenían talento para decirle a los demás qué hacer.

ilustres

Alejandro Magno

La máquina conquistadora IMPARABLE

En tan sólo 10 años, Alejandro aplastó al poderoso imperio persa, fundó más de 70 ciudades y creó un imperio con una superficie total de más de 5 millones de km cuadrados.

El rey impaciente

Alejandro nació en el reino griego de Macedonia en 356 a.C. Su padre, el rey Filipo II, fue **asesinado** en 336 a.C. y *Alejandro se convirtió en rey* a los 20 años. Después de terminar con un levantamiento griego (no les encantaban los bárbaros macedonios) se dedicó a conquistar el enorme **IMPERIO PERSA**.

Por cierto... Tenía los ojos de colores diferentes: uno era azul y el otro café.

No lo hubiera logrado sin...

FILIPO II *(382-336 a.C.) transformó Macedonia en una gran potencia,* **REVOLUCIONÓ EL EJÉRCITO** *y posibilitó las conquistas de su hijo.*

Aristóteles *(384-322 a.C.), tutor de Alejandro, escribió el libro* **SOBRE LA REALEZA** *para enseñarle a ser buen gobernante.*

La máquina de guerra

Alejandro condujo a su ejército a una victoria tras otra. Arrasaron por Asia Menor, Siria y Egipto antes de finalmente derrotar al rey persa, Darío III, en la **batalla de Gaugamela** en 331 a.C. A los 25 años, Alejandro ya era rey de *Macedonia*, líder de los griegos, gobernante supremo de Asia Menor, faraón de Egipto y el "**GRAN REY**" de Persia. Este mapa es el imperio en su auge.

La leyenda

Alejandro está rodeado de muchos **MITOS Y LEYENDAS**. Una dice que escuchó sobre una profecía que predecía que quien pudiera desatar el (imposible) **nudo gordiano** podría gobernar toda Asia. La solución de Alejandro fue simplemente cortar el nudo con su espada. Otro mito dice que era el *hijo de Zeus*.

¿Sabías que...?

Alejandro fundó o cambió el nombre a más de 70 ciudades; muchas fueron llamadas "Alejandría" por él.

Maestro estratega

Alejandro fue un **GENERAL BRILLANTE**. En la batalla de Issos en 333 a.C. sus *40 000 hombres se enfrentaron a 100 000 persas* que tenían la ventaja. A pesar de que Alejandro fue herido, **su ejército ganó ese día** y el rey persa, Darío III, tuvo que huir.

El oeste se une al este

Alejandro murió a los 32 años. Sin embargo, legó un vasto imperio que difundió la cultura occidental hasta sitios como la India y abrió rutas comerciales que durarían siglos.

BUCÉFALO (355-326 a.C.) fue el caballo de guerra de Alejandro y lo montó en algunas de sus mayores victorias. Cuando murió, Alejandro llamó **BUCÉFALA** a una ciudad.

PTOLOMEO (367-283 a.C.) fue amigo de la infancia de Alejandro y **FIEL GENERAL**. Cuando Alejandro murió, se convirtió en faraón de Egipto.

César Augusto

El primer EMPERADOR romano

Como el primer emperador romano, Augusto hizo a un lado cientos de años de tradición republicana romana y la reemplazó con una monarquía pacífica.

Joven guerrero

Augusto se llamaba Octavio y nació en Roma en el año 63 a.C. Cuando su tío abuelo *Julio César* fue asesinado en 44 a.C., el testamento designaba a Augusto como heredero. Aunque sólo tenía 18 años, organizó un ejército y **derrotó a los asesinos de César**. Después derrotó a su exaliado, Marco Antonio, y **TOMÓ EL CONTROL DE ROMA**.

Augusto usó monedas para difundir su imagen.

Primer ciudadano romano

Los romanos odiaban la idea de que los gobernara un rey, por lo cual Augusto no cometió el mismo error que Julio, quien se convirtió en dictador y reclamó el *poder total para sí mismo*. Augusto se llamó el **"PRIMER CIUDADANO"**. Reorganizó el ejército romano y lo hizo más permanente. Así pudo **conservar el control** y también expandir el Imperio Romano.

No lo hubiera logrado sin...

LA FUNDACIÓN DE ROMA FUE EN **753** A.C. *según la leyenda, la fundaron los hermanos gemelos* RÓMULO Y REMO.

En 509 a.C., **LUCIO JUNIO BRUTO** *lideró el derrocamiento del rey de Roma, Lucio Tarquinio el Soberbio y* FUNDÓ LA REPÚBLICA.

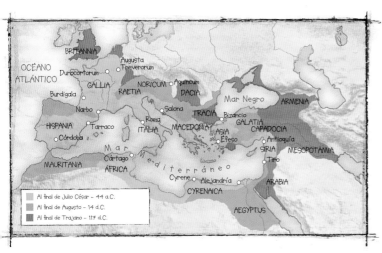

Los constructores del imperio

A la muerte de Julio César en 44 a.C. el Imperio Romano cubría la mayor parte del Mediterráneo, Francia y partes de España. **Augusto lo agrandó** y en 14 d.C. ya incluía a Egipto, el resto de España y grandes porciones de Europa central. Intentó **invadir Alemania** pero fracasó al enfrentarse a las hordas de bárbaros. El imperio llegó a su auge con el **EMPERADOR TRAJANO** en 117 d.C.

Remodelación de Roma

Tras décadas de guerra civil, **Roma era un desastre** así que Augusto se dedicó a remodelarla. Construyó muchos nuevos templos, incluyendo el famoso "**PANTEÓN**" (der.) y reconstruyó casi todos los edificios importantes. También restauró el **sistema de drenaje y de agua**.

Por cierto...
Mi nombre real es Cayo Octavio, pero lo cambié a César Augusto. Todos los futuros emperadores se conocerían como "César" o "Augusto".

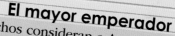

El mayor emperador
Muchos consideran a Augusto el más grande emperador de Roma. Reformó el sistema tributario, desarrolló redes de carreteras con un servicio postal eficiente y creó servicios de policía y bomberos. Su reino estableció las bases para un imperio que perduró por 1500 años.

Al convertirse en **DICTADOR**, *el general* **JULIO CÉSAR** *(100-44 a.C.) dio los primeros pasos hacia el final de la república romana.*

MARCO ANTONIO *(83-30 a.C.)* AYUDÓ A **AUGUSTO** A GANAR LA **GUERRA CIVIL** *contra los asesinos de Julio César, Bruto y Casio.*

Carlomagno

El "padre de la EUROPA moderna"

Como rey de los francos y emperador cristiano de Occidente, Carlomagno estableció las bases de la Europa moderna: también se le conoce como Carlos el Grande.

El hombre que sería rey

Carlomagno nació en 747 cerca de Liège, en lo que hoy es Bélgica. Fue el hijo de **Pipino el Breve**. Pipino murió en 768 y dejó su reino a Carlomagno y a su hermano Carlomán. Cundo su **HERMANO MURIÓ** repentinamente en 771, Carlomagno se convirtió en el *único gobernante* de los francos.

Carlomagno personalmente condujo 53 campañas y participó en cientos de batallas.

El soldado cristiano

En 773, el Papa Adriano I le pidió ayuda a Carlomagno para **defender los Estados Papales** de los invasores. Se deshizo de los **ENEMIGOS DEL PAPA** y fue nombrado "protector de la Iglesia". En su posición como protector papal, *luchó contra los musulmanes* en el norte de España y conquistó partes de Alemania, Suiza, Austria y Bélgica.

Por cierto...
Antes de mí, la gente escribía en mayúsculas. Yo introduje las minúsculas, o escritura carolingia, que es más fácil de leer.

Carlomagno el sabio

Carlomagno organizó un nuevo sistema de **gobernadores** para mantener el orden en el reino. Además, se valió de inspectores para vigilar a los gobernadores. También mejoró el **COMERCIO** estandarizando los **pesos y medidas** (para que la gente tuviera garantía de obtener el peso correcto).

Diseñó el sistema monetario de libras, chelines y peniques.

No lo hubiera logrado sin...

Carlomagno defendió al **PAPA LEÓN III** *(750-816) de una rebelión en 800, y el Papa lo nombró* **EMPERADOR DE LOS ROMANOS**.

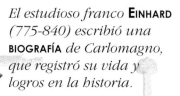

El estudioso franco **EINHARD** *(775-840) escribió una* **BIOGRAFÍA** *de Carlomagno, que registró su vida y logros en la historia.*

La corona de Carlomagno coronó a todos los reyes franceses hasta el año 1722.

El gran maestro

A Carlomagno le horrorizaba que tan pocas personas en Francia pudieran **leer y escribir**: incluso había sacerdotes analfabetas. Llamó a **ESTUDIOSOS** de Bretaña e Irlanda para restaurar las escuelas de Francia. También organizó una escuela en su palacio real de Aachen (en lo que hoy es Alemania), e introdujo las *escuelas monásticas* en toda Europa.

Carlomagno visitaba sus escuelas para comprobar que se ajustaran a sus estándares.

Formando Europa

Carlomagno tomó un puñado de reinos aislados y en constante batalla y estableció las bases para crear el país unificado de Francia. Su imperio alentó el surgimiento de una Europa más iluminada y mejor educada.

Abrió camino para...

Carlomagno se consideraba heredero del **IMPERIO ROMANO** cuando se coronó emperador en 800. A sus sucesores los denominaron **SANTOS EMPERADORES ROMANOS** y el título sobrevivió hasta 1805.

NAPOLEÓN (1769-1821) quiso recrear sus logros militares y administrativos a través de la creación de un **IMPERIO FRANCÉS** "moderno".

Reinas geniales

DAMAS que mandaban

Muchas reinas fueron opacadas por el rey pero, de vez en cuando, surgía una de las sombras convirtiéndose en leyenda.

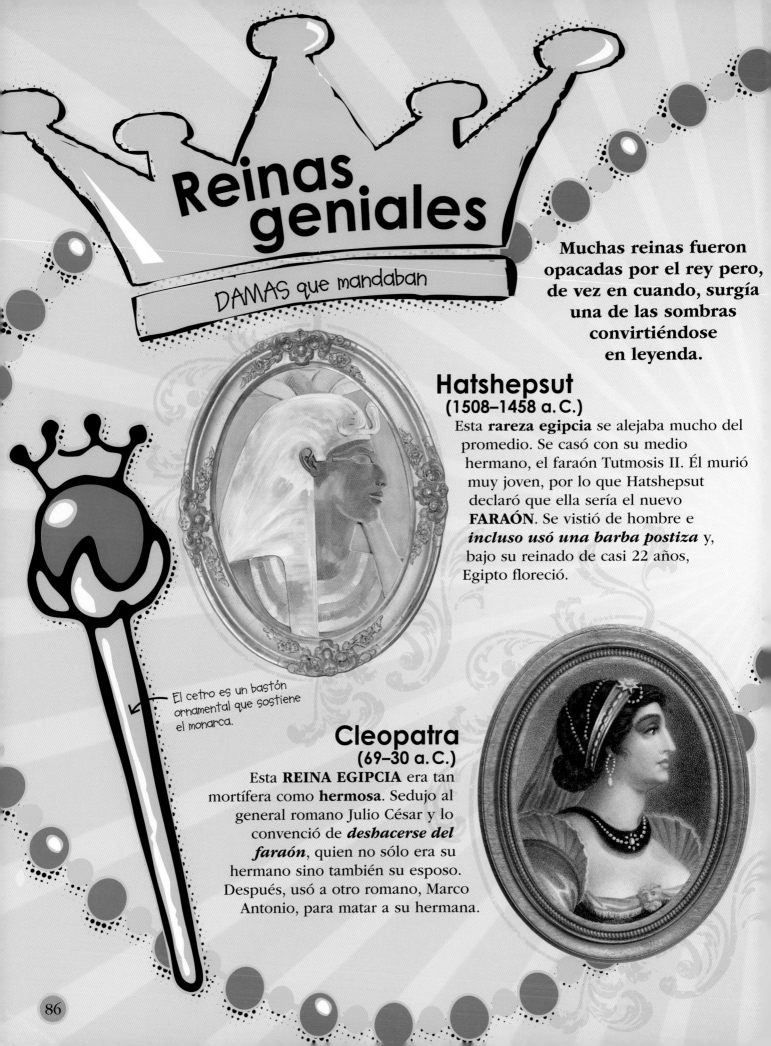

Hatshepsut
(1508–1458 a. C.)

Esta **rareza egipcia** se alejaba mucho del promedio. Se casó con su medio hermano, el faraón Tutmosis II. Él murió muy joven, por lo que Hatshepsut declaró que ella sería el nuevo **FARAÓN**. Se vistió de hombre e *incluso usó una barba postiza* y, bajo su reinado de casi 22 años, Egipto floreció.

El cetro es un bastón ornamental que sostiene el monarca.

Cleopatra
(69–30 a. C.)

Esta **REINA EGIPCIA** era tan mortífera como **hermosa**. Sedujo al general romano Julio César y lo convenció de *deshacerse del faraón*, quien no sólo era su hermano sino también su esposo. Después, usó a otro romano, Marco Antonio, para matar a su hermana.

86

María Teresa
(1717–1780)

María se convirtió en la **EMPERATRIZ DEL IMPERIO AUSTRIACO** cuando murió su padre, Carlos VI. Reorganizó su ejército e **introdujo la escolaridad obligatoria**, lo cual reavivó al imperio. Tuvo *16 hijos* entre los cuales hubo dos reinas, unas cuantas duquesas y dos Santos Emperadores Romanos.

Catalina la Grande
(1729–1796)

Para convertirse en "la grande" esta **REINA RUSA** se deshizo de su esposo, el Emperador de Rusia, Pedro III. Después **aumentó las tierras controladas por Rusia** y promovió la educación y la nueva filosofía de *pensamiento "ilustrado"*. Por desgracia, todo esto sólo servía a los ricos, así que probablemente los pobres no la consideraron tan grande.

Reina Victoria
(1819–1901)

Victoria tenía sólo 18 años cuando se convirtió en **REINA Y EMPERATRIZ DEL IMPERIO BRITÁNICO**. Era de baja estatura pero *gobernó a más de 450 millones* de personas por 64 años en un imperio que abarcaba una cuarta parte del globo. Sus 42 nietos ocuparon los tronos de casi toda Europa y se ganó el mote de "**la abuela de Europa**".

Gengis Kan

El mayor CONQUISTADOR que el mundo ha conocido

En sólo 25 años, Gengis Kan conquistó más tierras y personas que Alejandro Magno y Napoleón en conjunto.

Un inicio difícil

Gengis nació en 1162 y su padre, Yesugei, era un **jefe tribal** local. Después de que mataran al padre, la familia se vio obligada a **ESCONDERSE** y sobrevivir en las *planicies de Mongolia*.

Ataques relámpago

El ejército mongol se **valía de sus caballos** y de ataques sorpresivos. Sus talentosos **JINETES ARQUEROS** se acercaban al enemigo, *disparaban una oleada de flechas* y luego escapaban. Un ejército mongol podía recorrer más de 60 km en un día.

Por cierto...
Mi nombre era Temujin. El nombre de Gengis, que significa "mar", se me dio después de convertirme en jefe o Kan.

Los arqueros disparaban cuando el caballo tenía las cuatro patas en el aire para evitar fallar el tiro.

Los caballos mongoles tenían estribos que le daban mucho más control a los jinetes.

No lo hubiera logrado sin...

TOGHRUL *(murió en 1203) fue un amigo cercano del padre de Gengis. Lo adoptó y lo hizo su* **HEREDERO**.

ÖGEDEI KHAN *(1186-1241) fue el tercer hijo de Gengis y su* **SUCESOR**. *Expandió el imperio mongol.*

El gran conquistador

Después de *años en el campo*, Gengis recuperó la tribu de su padre y unió a las tribus mongolas. Para 1204, Gengis era el **KAN SUPREMO** de los mongoles y estaba listo para la guerra. En cinco años, su ejército tomó partes de China. Después tomaron Siberia, Afganistán y partes del Imperio Persa. Las ciudades tenían tanto **miedo al Kan** que con frecuencia se rendían antes de que llegara.

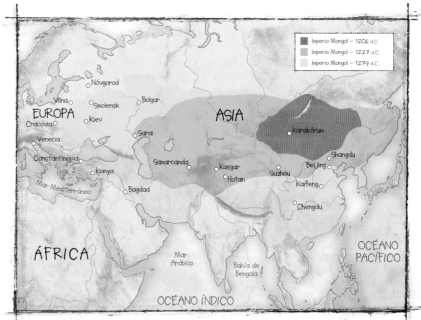

Los mongoles vivían en "gers" (hogar). Son marcos circulares de madera cubiertos de fieltro.

Guerra móvil

Todos los guerreros mongoles tenían tres o cuatro caballos que mantenían atados juntos. Cambiaban con frecuencia de caballo por lo que su ejército podía cubrir **enormes distancias rápidamente**. Los mongoles eran **NÓMADAS** y estaban habituados a viajar constantemente. Al anochecer montaban el campamento y practicaban sus habilidades *cazando la cena*.

Poderoso imperio

Gengis creó el imperio más duradero del mundo. Promovió la tolerancia religiosa, introdujo nuevas leyes y un sistema de escritura a su gente aún analfabeta. Por desgracia, sus conquistas quizá hayan provocado la muerte de unos 40 millones de personas.

Abrió camino para...

El nieto de Gengis **KUBLAI KAN** *(1215-1294) fundó la Dinastía Yuan y se convirtió en* **EMPERADOR DE CHINA**.

Con **ESTUDIOS DE ADN** *se demostró que unos* **16 MILLONES DE HOMBRES** *en el mundo descienden de Gengis.*

Saladino
El hombre que tomó JERUSALÉN de los cruzados

Saladino fue un gran líder musulmán que retomó Tierra Santa y que, a pesar de su reputación temible, trataba a sus enemigos con respeto.

En árabe, Saladino significa "rectitud de fe"

El joven guerrero

Saladino nació en Mesopotamia (actual Irak) en 1138. De joven, combatió junto a su tío, un general del sultán de Siria, en una **gran victoria contra los cruzados**. Su tío se convirtió en el gobernante de Egipto y, cuando él murió, ***Saladino tomó el poder***.

El nombre de "Cruzados" viene de "crux" (cruz en latín) porque los soldados portaban cruces como símbolo.

Choque de religiones

Jerusalén era una ciudad muy importante para los **judíos, cristianos y musulmanes**. Durante siglos, el gobierno árabe había permitido los ***peregrinajes*** cristianos y judíos. Sin embargo, en 1095, el gobierno había convertido el peregrinaje en algo demasiado complicado. Los cristianos iniciaron las cruzadas para **RETOMAR JERUSALÉN**.

No lo hubiera logrado sin...

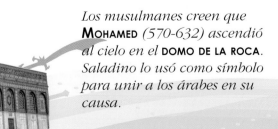

Los musulmanes creen que **MOHAMED** *(570-632) ascendió al cielo en el* **DOMO DE LA ROCA**. *Saladino lo usó como símbolo para unir a los árabes en su causa.*

La venganza de Saladino

En 1097, antes de que naciera Saladino, los cruzados tomaron Jerusalén y mataron a muchos de sus habitantes, controlando Tierra Santa. Saladino estaba decidido a retomarla para los musulmanes y declaró la **guerra santa** contra ellos. En 1187, con su enorme ejército, Saladino **APLASTÓ A SUS ENEMIGOS** en la Batalla de Hattin y el Rey Cruzado de Jerusalén, Guy de Lusignan, debió rendirse (derecha). *Saladino retomó Jerusalén* pero, a diferencia de los cruzados, permitió que los habitantes salieran pacíficamente de la ciudad.

Por cierto...
Cuando supe que Ricardo Corazón de León tenía fiebre, le envié duraznos, peras y hielo de la cima del Monte Hermón, a 160 km de distancia.

Los cruzados contraatacan

En 1189, el rey de Inglaterra, *Ricardo Corazón de León*, condujo la Tercera Cruzada. Retomaron la ciudad de Acre, pero el sitio duró dos años y los otros reyes se retiraron. Ricardo no podía solo contra Saladino así que **HIZO LA PAZ**. Los cristianos podían visitar Jerusalén, pero su **gobierno en Tierra Santa había terminado**.

Caballero

En el mundo musulmán, Saladino es recordado como el hombre que unió a los pueblos árabes y liberó Jerusalén. Incluso en Europa, Saladino es admirado como un personaje caballeroso; de hecho, existe un poema épico sobre sus logros.

¿Sabías que...?
Después de una vida en campaña, Saladino dejó un imperio que abarcaba el norte de Egipto, pero murió sin un centavo.

En 1183, Saladino tomó la CITADELA DE ALEPO en su estratégica posición. Fue un paso crucial en su camino para retomar Jerusalén.

IBN SHADDAD (1145-1234) escribió una biografía de Saladino llamada LA RARA Y EXCELENTE HISTORIA DE SALADINO.

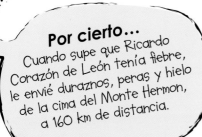

91

Martín Lutero

El hombre que DIVIDIÓ la iglesia en dos

Martín Lutero fue un sacerdote alemán que desafió a la Iglesia Católica.

Rayo divino

Martín Lutero nació en 1483 en Eisleben, Alemania. Sus padres querían que fuera abogado y estudió leyes en la universidad. Durante una tormenta, **un rayo** le cayó cerca. Consideró que este acercamiento a la muerte era una **SEÑAL DIVINA** de que debía dejar las leyes y se metió a un monasterio.

El perdón a la venta

Lutero pronto se dio cuenta de la corrupción en la Iglesia Católica. Los sacerdotes vendían "**INDULGENCIAS**", una especie de "dispensas" para que los pecadores pudieran entrar al cielo. En 1517, Lutero escribió una lista de quejas sobre la Iglesia Católica, que llamó sus **95 tesis**. Sus **ideas se difundieron** rápidamente por Europa.

Lutero clavó sus 95 tesis en la puerta de la iglesia en Wittenberg, Alemania.

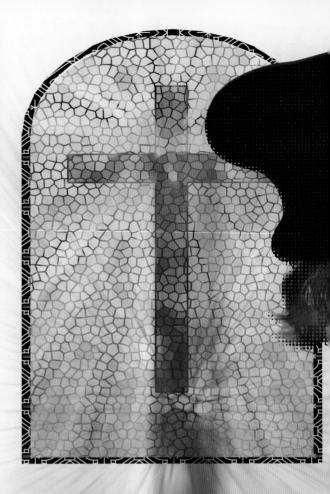

Llamado del Papa

Al Papa León X no le hizo ninguna gracia que Lutero se inmiscuyera, así que lo convocó a la "**DIETA DE WORMS**". Una "dieta" era una especie de reunión y Worms era el pueblo donde se celebraría la junta. En 1521, Lutero fue declarado *prófugo* y hereje.

No lo hubiera logrado sin...

En 1440, la IMPRENTA *hizo posible que las ideas de Lutero llegaran a mucha gente muy rápidamente.*

ERASMO DE ROTTERDAM *(1466–1536) fue un monje holandés que cuestionó a la Iglesia Católica.*

Una Biblia para cada quien

Los herejes eran **quemados en la hoguera**. Lutero no quería que lo quemaran, así que se escondió. En 1534 *tradujo la Biblia* del latín al alemán para que todos tuvieran posibilidades de leerla. Incluso escribió una especie de **VERSIÓN PARA NIÑOS** que los padres podían usar para enseñarles la fe a sus hijos.

Por cierto...
Tenía una mala opinión de mí mismo e incluso dije "No soy nada más que una bolsa de gusanos". ¿Un abrazo?

El luteranismo es muy practicado actualmente

¿Sabías que...?
Lutero incluso insistió en que, cuando muriera, todos sus libros deberían ser quemados... No fue así.

La iglesia dividida
Desde el inicio de la cristiandad, la Iglesia Católica tuvo el dominio. Cuando los escritos de Lutero se difundieron por Europa, se empezó a cuestionar a la Iglesia Católica. Estas ideas eventualmente dividieron en dos al cristianismo y surgió el protestantismo, llamado así por la protesta de Lutero, lo cual llevó a un siglo de guerras religiosas en Europa. Su nueva traducción de la Biblia le dio a la gente normal acceso a las enseñanzas de la iglesia y promovió el alfabetismo.

Abrió camino para...

El sacerdote francés **JUAN CALVINO** (1509-1564) creó su propia rama de protestantismo llamada calvinismo.

La traducción de Lutero abrió camino para versiones de la **BIBLIA** traducidas en todos los países del mundo.

Arriba la revolución

Levantamientos en CONTRA del sistema

La guillotina llegó a simbolizar la Revolución Francesa ⇧

Maximiliano Robespierre
(1758–1794)

Este **político francés** odiaba a la aristocracia y todo lo que representaba, así que en 1791 se convirtió en uno de los líderes de la Revolución Francesa y **LES CORTÓ LA CABEZA** al rey y a la reina. Su periodo de poder se llamó el "Reino del Terror" porque envió a unas 30 000 personas a la *guillotina*.

¿Tu rey aplasta tu libertad? ¿Tu gobierno es simplemente inútil? Si así es, necesitas iniciar una revolución… ¿pero quién la dirigirá?

La espada de Bolívar se convirtió en un símbolo icónico

Simón Bolívar
(1783–1830)

En América del Sur, pocos individuos gozan de más fama que Simón Bolívar. Como militar y líder político, Bolívar logró **deshacerse del imperio español** en Venezuela, Bolivia, Colombia, Perú, Ecuador y Panamá. Esto no lo hizo muy *popular* entre la realeza española, pero es considerado un **HÉROE** en muchas partes de Latinoamérica.

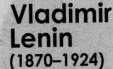

Vladimir Lenin
(1870–1924)

Como líder de los **bolcheviques**, Lenin siguió los ideales comunistas de Karl Marx. En 1917 lideró la **REVOLUCIÓN RUSA**, derrocó a la familia real (que luego fue asesinada) y se convirtió en el primer líder de un nuevo estado comunista, la *Unión Soviética*.

Mao Zedong
(1893–1976)

Otro ícono comunista, Mao, condujo al *Ejército Rojo* a la victoria sobre los nacionalistas en 1949 y estableció la **REPÚBLICA POPULAR CHINA**. Despiadado y ambicioso, en sus primeros cuatro años en el poder provocó la muerte de casi 1.5 millones de personas. A pesar de esto, era amado en China por convertir al país en una **potencia moderna**.

Casi todos los chinos usaban un traje como el de Mao ⇨

Fidel Castro
(1926–)

El primer intento de Fidel Castro por *derrocar* al dictador cubano Fulgencio Batista terminó con su exilio en México. Después se unió con otro revolucionario, el argentino **CHE GUEVARA** (1928-1967), y dirigió el exitoso partido comunista en **Cuba** de 1956 a 1959. La CIA pasó casi 50 años intentando derrocarlo (no lo lograron).

Napoleón Bonaparte

El hombre que CONQUISTÓ Europa

Con sus múltiples éxitos en el campo de batalla, Napoleón fue un genio militar que se ganó en poco tiempo la admiración de Europa.

Un inicio difícil

Napoleón nació en Córcega, Francia en 1769. Fue a la **ACADEMIA MILITAR** en París donde lo acosaban por su acento corso y sus modos provincianos. Sin embargo, con sus **habilidades de liderazgo**, se convirtió en oficial de artillería a sus escasos 16 años y *ascendió rápidamente de jerarquía*.

Por cierto...
El papa Pío VII me condenó cuando tomé la parte de Italia que gobernaba la Iglesia Católica, así que lo metí a prisión, donde acabó muriendo.

De cero a héroe

Al inicio de la **REVOLUCIÓN FRANCESA** (1789-1799), recién liberado Francia del gobierno imperial, Napoleón se convirtió en **héroe nacional**. En 1799, lideró un *plan para derrocar* al gobierno revolucionario y se convirtió en el Primer Cónsul de Francia.

No lo hubiera logrado sin...

MAXIMILIEN ROBESPIERRE *(1758-1794) dirigió la Revolución, se deshizo de la familia real y ayudó a crear la* **REPÚBLICA FRANCESA**.

CARLOMAGNO *(742-814) unificó a los reinos francos aislados y esto dio origen a Francia como un* **PAÍS UNIDO**.

Emperador de Europa

Napoleón salió a conquistar otros países y en 1804 se coronó a sí mismo como **EMPERADOR**. Pronto todos los países alrededor de Francia (menos los británicos) conformaron su imperio. En 1812 intentó conquistar Rusia, pero terminó mal y *lo exiliaron* a la costa de Italia. Regresó a Francia y tomó el poder de nuevo, pero en 1815 lo derrotaron los ingleses en la **Batalla de Waterloo**. Lo exiliaron de nuevo, a la isla de Santa Elena en el Atlántico. Napoleón murió en 1821.

Experto legal

En 1804, Napoleón reemplazó el viejo sistema legal de Francia con el nuevo **CÓDIGO NAPOLEÓNICO**. El viejo sistema se basaba en leyes feudales locales y era **anticuado y confuso**. El nuevo era mucho más *claro y justo*.

En sólo ocho años Napoleón logró conquistar casi toda Europa.

Impresión duradera

Las reformas de Napoleón trajeron de vuelta la estabilidad a Francia que había sufrido por la Revolución. Muchas de las leyes de su Código Napoleónico (arriba) se siguen usando en Francia y son la base de los sistemas legales de muchos de los países que él conquistó.

El ensayo de TÁCTICAS MILITARES del general francés JACQUES ANTOINE HIPPOLYTE (1743-1790) fue una gran influencia en Napoleón.

Napoleón se inspiró en las tácticas militares y REFORMAS DOMÉSTICAS del emperador alemán FEDERICO EL GRANDE (1712-1786).

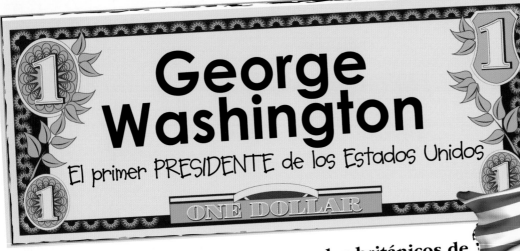

George Washington

El primer PRESIDENTE de los Estados Unidos

ONE DOLLAR

George Washington ayudó a sacar a los británicos de América. Se convirtió en héroe nacional y el primer presidente de los Estados Unidos de América. Su rostro está en muchas monedas y billetes.

El astuto hombre del bosque

Washington nació en 1732 en el Westmoreland, Virginia. Su papá murió cuando tenía 11 años, y tuvo **muy poca educación formal**, pero George fue autodidacta en silvicultura, agrimensura y cartografía, lo que resultó útil cuando, a los 20 años, se unió al **EJÉRCITO DE VIRGINIA** que luchaba con los británicos (que estaban al mando de gran parte del país) *en contra de los franceses y sus aliados nativos americanos*.

El día de Navidad en 1776, Washington dirigió a sus tropas a través del helado río Delaware y sorprendió y derrotó a los británicos. Fue un momento clave de la Guerra Revolucionaria.

El comandante ingenioso

Cuando los británicos ganaron la guerra, aumentaron los impuestos para cubrir los gastos. Esto no fue nada popular y el **4 de julio de 1776, los estadounidenses declararon la guerra de independencia**. Washington fue comandante del Ejército Continental en la **GUERRA REVOLUCIONARIA** y, consciente de su desventaja, le ordenó a sus tropas que atacaran rápidamente y luego se retiraran. Con sus *tácticas ingeniosas*, pudo derrotar a los ingleses.

¿Sabías que...? George le propuso matrimonio a Martha Dandridge Custis después de conocerla sólo tres semanas y haberla visto dos veces.

No lo hubiera logrado sin...

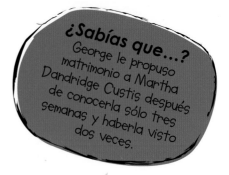

El comerciante y estadista **JOHN HANCOCK** (1737-1793) fue el primero en firmar la **DECLARACIÓN DE INDEPENDENCIA**.

Por cierto...

Después de la Revolución, me volví tan popular que algunas personas me querían hacer el rey de América.

Washington tenía una dentadura falsa hecha con dientes de vaca y marfil.

El primer presidente

El 19 de octubre de 1781, los **británicos se rindieron** en Yorktown, Virginia. Se había conseguido la independencia pero todavía tenían que decidir cómo gobernar el país. Tuvieron dificultades pero, en 1787, Washington ayudó a redactar la **CONSTITUCIÓN DE LOS E.U.**, que organizó el gobierno. En 1789 fue elegido unánimemente como el **primer presidente de los E.U.**

Padre de un país

Washington tuvo un rol muy importante en la fundación de los Estados Unidos que le ganó el título de "Padre de su país". Para los estadounidenses es un héroe militar y revolucionario y hombre de gran integridad, prez y honor. Se le celebra de muchas maneras, incluyendo su efigie en el Monte Rushmore.

PAUL REVERE (1735-1818) *ayudó a organizar un* **SISTEMA DE ALARMA** *para vigilar a los militares británicos.*

ALEXANDER HAMILTON *(1757-1804) fue el abogado que ayudó a Washington a diseñar el primer gobierno de los E.U.*

Mahatma Gandhi

El hombre que DESAFIÓ un imperio

Gandhi, ícono de la resistencia pacífica, lideró las protestas no violentas contra el gobierno británico de la India. Se le conoce como el "Padre de la India".

Primeras luchas

Mohandas Gandhi (conocido como **Mahatma** o "gran alma") nació el 2 de octubre de 1869 en Porbandar, India. Estudió derecho en Londres y después pasó 20 años en Sudáfrica luchando por los **DERECHOS BÁSICOS** de los inmigrantes indios. Lo *arrestaron muchas veces* antes de ceder a sus demandas. Cuando regresó a la India, se dio cuenta de que el gobierno británico de esta colonia, establecida en 1858, había aprobado leyes estrictas para controlar a la población india.

Por cierto...
Creo que reaccionar a la violencia con más violencia es una verdadera tontería. En un discurso dije: "Ojo por ojo y el mundo acabará ciego."

¿Sabías que...?
Cuando Gandhi murió, sólo tenía 10 posesiones incluyendo un reloj, sandalias, anteojos y un tazón para comer.

Abrió camino para...

MARTIN LUTHER KING (1929-1968) *activista de los derechos civiles de E.U. que luchó contra la* **INEQUIDAD RACIAL** *usando la no violencia de Gandhi.*

NELSON MANDELA (1918-) *dirigió la lucha en Sudáfrica contra el* **APARTHEID**, *leyes que segregaban a las personas por su raza. Fue el primer presidente negro de su país.*

Una paz poderosa

En protesta contra el gobierno británico, Gandhi empezó una *satyagraha*, una **PROTESTA** no violenta que incluía desobedecer leyes severas, boicotear las compañías británicas y vivir una vida simple. Gandhi atrajo a ***millones de seguidores*** y, en 1930, dirigió a 50 000 personas en una manifestación al mar por un nuevo impuesto a la sal. Pasó 6 años en prisión y estuvo 21 días en huelga de hambre. Su finalidad era la **libertad y autodeterminación de la India**.

El camino a la paz

Aunque su vida fue corta, Gandhi logró mucho. Ayudó a conseguir la independencia de la tierra que amaba y a terminar con muchas injusticias contra su pueblo. Habló de paz y su vida inspiró a muchos que vinieron después de él.

Dio sermones sentado ante una rueca para inspirar a la gente a que hiciera su propia ropa y a vivir una vida sencilla.

Una victoria amarga

En 1947, la India obtuvo su ***independencia*** de los ingleses. Pero los británicos dividieron al país en dos **a lo largo de líneas religiosas:** el Pakistán musulmán y la India hindú. Esta medida impopular provocó numerosas **PROTESTAS** en la región. Gandhi intentó traer la calma pero lo asesinaron en 1948.

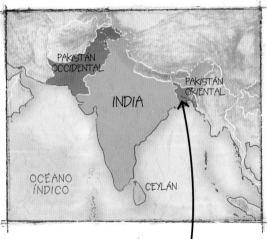

En 1971, Pakistán Occidental se convirtió en el actual Bangladesh.

*El **14 Dalai Lama** (1935-) es el líder espiritual del Tíbet. Vive en el exilio en India y trabaja por la* **Independencia Tibetana** *de China.*

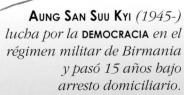

Aung San Suu Kyi *(1945-) lucha por la* **democracia** *en el régimen militar de Birmania y pasó 15 años bajo arresto domiciliario.*

Deng Xiaoping

El comunista que se REBELÓ contra el comunismo y sentó bases para el futuro económico de China

Por cierto...
Cuando envié al ejército a matar a los manifestantes por la democracia en la Plaza de Tiananmen en 1989 me volví muy impopular.

Deng transformó el atraso de China en una potencia económica moderna.

Todo sobre mí

■ **NACIMIENTO:** 1904
■ **MUERTE:** 1997
■ **NACIONALIDAD:** China
■ **DATO CURIOSO:** Mi nombre se pronuncia "dong".
■ **EN RESUMEN:** Descubrí el marxismo de joven. Me uní al Partido Comunista de China pero no concordaba con su forma de administrar el país.

Apertura de China al mundo

Hasta el siglo XIX, China fue una de las **mayores economías mundiales**. Sin embargo, bajo el régimen comunista, el país se cerró al resto del mundo y a mediados del siglo XX ya tenía problemas. Deng hizo *reformas económicas* que le permitieron a China comerciar de nuevo con el mundo y esto atrajo la inversión extranjera. También permitió que los estudiantes viajaran al extranjero para aprender las últimas **TECNOLOGÍAS**.

Un legado mixto

En 20 años, bajo el mandato de Deng, China pasó de ser un *país agricultor atrasado* a ser una de las mayores economías mundiales. **Mejoró los estándares de vida** y dio más libertades. Sin embargo, para controlar la explosión demográfica, permitió que las familias tuvieran sólo **UN HIJO**, lo cual resultó en el abandono de muchas niñas porque los niños se consideraban más útiles.

Mijaíl Gorbachov

El comunista que mató al COMUNISMO en la URSS

Todo sobre mí

- **NACIMIENTO:** 1931
- **NACIONALIDAD:** Rusa
- **DATO CURIOSO:** Me gradué en Derecho de la Universidad Estatal de Moscú en 1955.
- **OTRO DATO CURIOSO:** Gané el Premio Nobel de la Paz en 1990.
- **EN RESUMEN:** Fui secretario general del Partido Comunista en 1985 y presidente de la URSS en 1988.

En 1989, la caída del Muro de Berlín que dividía al Berlín Oriental (comunista) del Occidental (democrático) simbolizó el fin de la Guerra Fría.

Por cierto... Mis reformas contribuyeron a terminar con la Guerra Fría y marcaron el inicio del fin del Partido Comunista de la URSS.

El comunismo antes de Gorbachov

El filósofo Karl Marx (1818-1883) dijo que el poder debía estar en manos del pueblo y la **riqueza debía compartirse equitativamente**. En 1917, Vladimir Lenin (1870-1924) dirigió la **REVOLUCIÓN RUSA** y, en 1922, Rusia se convirtió en la Unión de Repúblicas Soviéticas Socialistas (URSS). Bajo el *régimen comunista* la URSS se cerró del resto del mundo y para cuando llegó Gorbachov, su economía era un desastre.

El reformista radical

Gorbachov reformó la economía de la URSS y le **DIO NUEVAS LIBERTADES** a sus ciudadanos. Se abrió con las democracias occidentales y en 1987 negoció con los E.U. el fin de la **carrera de armas nucleares**, lo cual puso fin a la Guerra Fría. Al año siguiente, *retiró el control soviético* de los países de Europa Oriental y estos estados, a su vez, derrocaron a sus regímenes comunistas.

Nelson Mandela

El hombre que devolvió ÁFRICA a su gente

Mandela peleó arduamente en contra del *apartheid* en Sudáfrica y pasó 27 años en prisión antes de ser elegido el primer presidente negro de su país.

Joven activista

Rolihlahla Mandela nació en Transkei, Sudáfrica en 1918 y su maestro le dio después el nombre de **Nelson**. Tras titularse como abogado, se involucró con un grupo de personas que intentaban conseguir el *cambio político* en Sudáfrica, llamado el **CONGRESO NACIONAL AFRICANO (CNA)**.

La lucha por la libertad

En 1948, el gobierno blanco de Sudáfrica instauró las leyes del *apartheid*, que señalaban que los negros y los blancos debían permanecer **SEPARADOS**. Con Mandela como secretario general del CNA, empezaron las protestas pacíficas. Pero luego de que la policía mató a 69 manifestantes, el CNA se hizo más *violento*. El gobierno vetó el CNA y **arrestó** a Mandela por conspiración. En 1964, fue sentenciado a **CADENA PERPETUA**.

No lo hubiera logrado sin...

En prisión, Mandela se inspiró en el poema de **WILLIAM HENLEY** (1849-1903), **INVICTUS**: "Soy el amo de mi destino, soy el capitán de mi alma."

El primer arzobispo negro sudafricano **DESMOND TUTU** (1931-) fue, como Mandela, un **LUCHADOR** apasionado en contra del apartheid.

Por cierto...
Mi bisabuelo Ngubengcuka gobernó como rey a la tribu sudafricana conocida como el pueblo Thembu.

Mandela es de las personas más condecoradas en la historia, con más de 250 premios.

De la cárcel al poder

Durante sus **27 años en prisión**, Mandela se convirtió en símbolo de la resistencia al *apartheid* en el mundo. En 1990 lo liberaron y se retiró el veto contra el CNA. En 1991, Mandela se convirtió en líder del CNA. Ganó el *Premio Nobel de la Paz* en 1993 y al año siguiente Sudáfrica tuvo sus primeras elecciones multirraciales. Mandela fue elegido como el primer **PRESIDENTE** negro.

Héroe nacional

Mandela luchó por la libertad de los sudafricanos negros y mantuvo la paz tras la caída del *apartheid*, aunque muchos buscaban vengarse de los terratenientes blancos. En 2009, la ONU declaró que el 18 de julio sería el "día de Mandela".

Mandela se inspiró en los métodos "satyagraha" de protesta NO VIOLENTA del activista MAHATMA GANDHI (1869-1948).

WALTER SISULU (1912-2003) y OLIVER TAMBO (1917-1993), fueron activistas antiapartheid y MIEMBROS DEL CNA con Mandela.

Creadores

creativos

El mundo no sería el mismo sin estos raros talentos que han iluminado nuestras vidas con sus creaciones. Nos han entretenido con sus historias, arte, juegos, música, moda y películas, o hasta el paquete vacacional. Gracias a ellos, el aburrimiento no es una opción.

Escritores modelo

Creando MUNDOS con palabras

Aunque parezca insólito, la gente ya escribía mucho antes de la llegada de Harry Potter. Algunos eran muy buenos, además.

William Shakespeare
(1564–1616)

Los estudiantes del mundo tal vez piensen que este inglés es **ABURRIDO**, pero en **Hamlet, Otelo, El Rey Lear y Macbeth**, creó algunos de los *mejores personajes* de la literatura. Era un verdadero artesano de la palabra e inventó como 1700 palabras que se usan actualmente.

La esposa e hijos de Shakespeare eran analfabetos

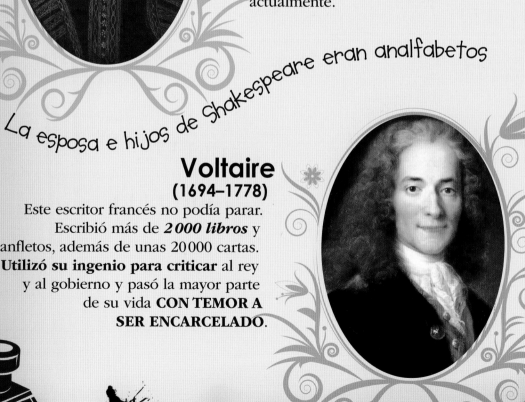

Voltaire
(1694–1778)

Este escritor francés no podía parar. Escribió más de *2000 libros* y panfletos, además de unas 20000 cartas. **Utilizó su ingenio para criticar** al rey y al gobierno y pasó la mayor parte de su vida **CON TEMOR A SER ENCARCELADO**.

Aleksander Pushkin
(1799–1837)

Los libros en Rusia eran **bastante aburridos** hasta que Pushkin cambió las cosas. Se deshizo del *estilo de lenguaje formal* de antes y escribió sus libros con el lenguaje **COTIDIANO** de la gente. Su trabajo ejerció una gran influencia en la literatura rusa desde entonces.

Pushkin murió a los 37 años derrotado en un duelo

Lu Xun
(1881–1936)

La literatura china representó al **dios como el héroe** por siglos. Lu Xun escribió desde el *punto de vista de la gente normal*, involucrando así al lector. Se le conoce como el **PADRE DE LA LITERATURA CHINA MODERNA**.

Virginia Woolf
(1882–1941)

Esta feminista inglesa inventó una *nueva forma de contar historias*. Sus narraciones conservan la forma en que piensa la gente, utilizando la **voz interior** de su personaje para contar la historia a través del **FLUIR DE LA CONCIENCIA**.

Thomas Cook

El hombre que puso a todos a EMPACAR

Por cierto...
Cuando organicé mi primer tour alrededor del mundo, viajé más de 40000 kilómetros y estuve fuera durante 222 días.

En el siglo XIX, las vacaciones consistían en un helado y visitar una playa hasta que Cook abrió las puertas al mundo.

Predicador del pueblo

Thomas Cook nació en Derbyshire, Inglaterra en 1808. Era fabricante de gabinetes pero también era muy *religioso* y pasaba su tiempo libre con una sociedad local de **TEMPLANZA** que viajaba diciéndole a la gente por qué **no debía beber alcohol**.

Entrenado para el éxito

En 1841, Cook **organizó un viaje** para 570 miembros de su sociedad de templanza en las nuevas vías de tren que unían Leicester y Loughborough. **LE COBRÓ A LOS PASAJEROS** un chelín para cubrir el costo del viaje y la comida. *El viaje fue un gran éxito* y Cook supo que había descubierto algo.

¿Sabías que...?
Cook hizo una de las primeras guías de viajes: *El manual para el viaje a Liverpool.*

Abrió camino para...

Un pionero de los paquetes vacacionales, el empresario ruso **VLADIMIR RAITZ** *(1922-2010) fue el primero en usar* **VUELOS CHÁRTER**.

El alcalde **PEDRO ZARAGOZA**, *convirtió Benidorm, España, (1922-2008) en el primer* **DESTINO PARA PAQUETES VACACIONALES**.

Cook inventó el cheque de viajero en 1874

The Nile Voyage
THOS. COOK & SON OFFER YOU THE FINEST RIVER STEAMERS IN THE WORLD

Luxurious State-Rooms : Spacious Decks : Private Bath-Rooms
Unrivalled Comfort : Hot and cold running water in every cabin

THREE WEEKS' VOYAGE to LUXOR & ASWAN AND BACK
The S.S. "SUDAN," "ARABIA" & "EGYPT" leave Cairo
weekly on Wednesdays from November 7th to March—FARE £70

TWO WEEKS' VOYAGE to LUXOR & ASWAN AND BACK
The S.S. "ROSETTA" & "DAMIETTA" leave Asyut
weekly on Saturdays from January 5th to March — FARE £56
(including railway fare from Cairo to Asyut and return)

ONE WEEK'S VOYAGE to ABU-SIMBEL & HALFA AND BACK
The S.S. "THEBES" leaves Aswan (Shellal) weekly on
Mondays in connection with both the above services—FARE £30

Apply to :—

THOS. COOK & SON LTD.
CHIEF OFFICE:—
BERKELEY ST., PICCADILLY, LONDON, W.I.
Branches at Cairo, Luxor, Aswan, Alexandria, Port Said, Khartoum and
throughout the world.

Egypt 1922

"EGYPT AND THE SUDAN"
will be sent post free
on application to :—
Egypt Enquiry Bureau, 3, Regent St., London, S.W.1 ;
Tourist Development Association, Cairo Station, Cairo ;
or any of the prominent Travel Agencies.

A todo vapor

Cook empezó a organizar **viajes regulares en tren** y poco después organizaba tours de Escocia. Sus viajes se hicieron populares y en 1863 se mudó a Londres y organizaba tours a *sitios exóticos como Egipto*. Para 1872, Thomas Cook ofrecía un **TOUR ALREDEDOR DEL MUNDO DE 212 DÍAS**. Por tan sólo 270 guineas, la gente podía cruzar el Atlántico en buque de vapor, cruzar América en un carruaje y luego abordar otro barco a Japón.

El mundo es un pañuelo
La idea de cubrir todos los gastos del viaje con un solo boleto fue revolucionaria. Los paquetes vacacionales permitieron que personas ordinarias viajaran en una época en que sólo los ricos se daban esos lujos.

La línea aérea ECONÓMICA inició en 1966 con FREDDIE LAKER (1922-2006). Hizo mucho más baratos los viajes.

VIRGIN GALACTIC, *de* **RICHARD BRANSON** *(1950-), será la primera compañía que ofrezca vuelos al espacio para el público.*

111

Walt Disney

El hombre que dio vida a los DIBUJOS

Walt Disney nos dio algunos de los personajes animados más queridos e hizo del mundo un sitio mucho más colorido y mágico.

Primeros trazos

Walt Disney nació en 1901 en Chicago, E.U. Desde los cuatro años vivió en un granja, sitio donde descubrió su amor por dibujar animales. Se ganó una **beca** para una universidad de arte y, cuando terminó, empezó una compañía con su amigo animador Ub Iwerks (1901-1971) haciendo cortos **ANIMADOS** para cadenas de cines. Desafortunadamente, la compañía quebró y Walt y Ub se *mudaron a Hollywood*.

> **Por cierto...**
> Mi personaje Mickey Mouse inicialmente se llamaba "Mortimer" pero a mi esposa le pareció que era demasiado serio.

> **¿Sabías que...?**
> Walt Disney fue nominado para 59 Óscares y ganó 22, más que ninguna otra persona en el mundo.

Al girar el cilindro y ver por las ranuras aparece una secuencia de imágenes que aparentan moverse.

No lo hubiera logrado sin...

WILLIAM GEORGE HOMER *(1786-1837) inventó el **ZOOTRÓPO** moderno en 1834. Creaba la ilusión de que el dibujo se estaba moviendo.*

Primera película

En 1934, Disney tuvo la idea de hacer un largometraje animado llamado *Blanca Nieves y los siete enanos*. En Hollywood lo consideraron una idea descabellada y bromeaban sobre la "Locura de Disney". Sin embargo, Blanca Nieves fue un **GRAN ÉXITO** y ganó un Óscar. En 1946, también fue pionero de la animación mezclada con personas reales en *Canción del sur*.

Disneylandia

En 1955, Disney le dio a sus creaciones un nuevo hogar en el parque temático de Disneylandia en California. Así reunió a los personajes de sus animaciones, películas y series de TV. Disneylandia pronto se volvió una de las atracciones turísticas más populares.

Un pionero pintoresco

Walt no fue el primero en crear animaciones, pero sí el primero en agregar sonido y color. Sus novedosas técnicas de filmación transformaron la industria del entretenimiento e hicieron sonreír a millones de personas.

Los folioscopios tienen una imagen en cada página. Cada imagen es ligeramente distinta a la anterior.

*En 1868, **JOHN BARNES LINNETT** inventó el **FOLIOSCOPIO**. Al pasar las hojas rápidamente, la secuencia de imágenes engaña al cerebro y parece moverse.*

*En 1892, **CHARLES EMILE REYNAUD** (1844-1918) proyectó la **PRIMERA PELÍCULA ANIMADA**, un ciclo de 500 imágenes pintadas a mano que duraba unos 15 minutos.*

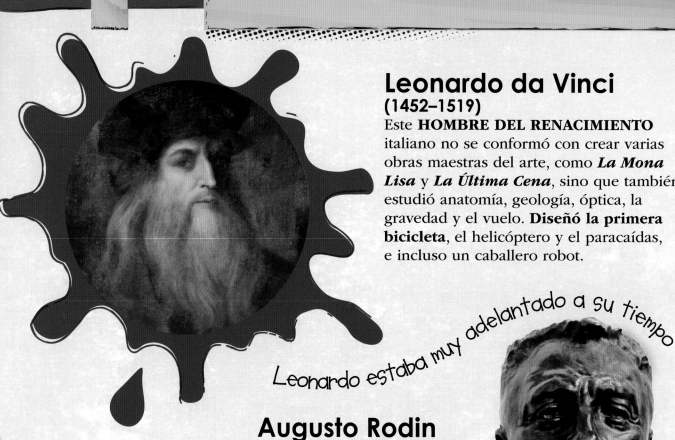

Leonardo da Vinci
(1452–1519)

Este **HOMBRE DEL RENACIMIENTO** italiano no se conformó con crear varias obras maestras del arte, como *La Mona Lisa* y *La Última Cena*, sino que también estudió anatomía, geología, óptica, la gravedad y el vuelo. **Diseñó la primera bicicleta**, el helicóptero y el paracaídas, e incluso un caballero robot.

Leonardo estaba muy adelantado a su tiempo

Augusto Rodin
(1840–1917)

Este escultor francés **no temía mostrar el lado malo del hombre**. Sus esculturas mostraban la miseria y la debilidad, al igual que la belleza y la pasión. Algunas de sus obras más famosas, como *El Pensador* y *La Era de Bronce* son **TAN REALES** que hubo quien pensó que hacía trampa.

Rodin retrataba personajes realistas; lo hizo incluso al esculpirse a sí mismo.

Galería de artistas

Desde que el hombre puso pie en la Tierra, han existido artistas que crean imágenes hermosas. Estos artistas realmente dejaron su huella.

Dándole más COLOR al mundo

Vincent van Gogh
(1853–1890)

Este atormentado pintor holandés *creó toda su obra en tan sólo 10 años*. Sus pinturas son conocidas por sus **BRILLANTES COLORES Y ATREVIDOS PINCELAZOS**. Aunque se le considera uno de los mejores pintores postimpresionistas, **vivió en la pobreza** y vendió únicamente una pintura durante su vida.

Tras una pelea, van Gogh se cortó parte de la oreja

Pablo Picasso
(1881–1973)

El artista español, Pablo Picasso, fue el don juan del mundo artístico. **Experimentó con muchos estilos** pero es reconocido como el creador del "**CUBISMO**" que usa formas como triángulos y cuadrados para crear la impresión de un personaje. A diferencia de van Gogh, Picasso vendió bien sus pinturas y *se hizo muy rico*.

Frida Kahlo
(1907–1954)

Kahlo fue una artista mexicana que mezcló el arte tradicional de su país con el "**SURREALISMO**" moderno (un extraño estilo onírico). Tras un accidente de autobús que la dejó lisiada y en constante dolor, empezó a crear óleos *para distraerse*. Pintó varios autorretratos que, a pesar de sus brillantes colores, **reflejan su sufrimiento**.

Todo sobre mí

- **NACIMIENTO:** 1883
- **MUERTE:** 1971
- **NACIONALIDAD:** Francesa
- **DATO CURIOSO:** Viví en el hotel Ritz por más de treinta años.
- **EN RESUMEN:** Mi madre murió de tuberculosis y mi padre dejó a la familia, así que pasé seis años en un orfanato.

Las prendas de Chanel se hacían a la medida y sólo con las mejores telas.

Por cierto... Mi nombre real es Gabrielle Bonheur Chanel. Al salir del orfanato, trabajé como cantante de cabaret donde se me conocía como "Coco".

Creadora de tendencias

Coco abrió su primera tienda en París en 1909. Al principio vendía sombreros pero poco después empezó a vender **ropa de lujo**, telas y joyas. Coco introdujo estilos al mundo de la moda que se consideraron **RADICALES** en su época, como el cabello corto, los pantalones para la mujer, los trajes de baño y el **vestidito negro**. Incluso (accidentalmente) puso de moda el bronceado tras asolearse en unas vacaciones.

El Chanel No. 5 sigue siendo el perfume más vendido del mundo.

Impacto global

La boutique de Coco se convirtió en una de las casas de moda más *rentables e icónicas* de todos los tiempos. Su producto más famoso es el **perfume** Chanel No. 5, que la volvió una de las mujeres más ricas del mundo. Hoy se le considera un **ÍCONO DEL ESTILO Y LA ELEGANCIA** y sus diseños clásicos siguen influyendo en la moda.

N°5
CHANEL
EAU DE PARFUM

Coco Chanel

La mujer que dio ESTILO al siglo xx y cambió el rostro de la moda

David Ogilvy

El hombre que creó la idea de una MARCA y fue el "padre de la publicidad moderna"

Todo sobre mí

- **NACIMIENTO:** 1911
- **MUERTE:** 1999
- **NACIONALIDAD:** Inglés
- **DATO CURIOSO:** También fui cocinero, granjero y espía.
- **EN RESUMEN:** Vendía estufas Aga de casa en casa en Escocia. Mi oportunidad surgió cuando escribí un manual para enseñarle a otros vendedores a vender más.

Por cierto... Mi libro, *Confesiones de un publicitario*, fue uno de los libros más populares y famosos de la publicidad. Sigue siendo un best seller.

Su manual de ventas de Aga se convirtió en un clásico.

Manual de ventas

Un nuevo enfoque

El manual de David impresionó a una importante agencia publicitaria y le dieron empleo como *ejecutivo de cuenta*. Su primer éxito llegó cuando se hizo cargo de la inauguración de un hotel. Imprimió muchas postales y las envió a todas las personas del directorio telefónico. El hotel abrió **LLENO**.

El rey del eslogan

En 1948, Ogilvy empezó su propia agencia publicitaria **Hewitt, Ogilvy, Benson y Mather**. Creó muchas de las **CAMPAÑAS PUBLICITARIAS** más exitosas del mundo. Ayudó a duplicar las ventas de Rolls-Royce con el eslogan: "A 60 millas por hora, el sonido más fuerte del nuevo Rolls-Royce proviene del reloj eléctrico". Otro gran éxito fue su campaña de "Schweppervesence" para un fabricante de bebidas. Pronto todo el mundo *copió su estilo*.

Ole Kirk Kristiansen

El BLOQUE que transformó el mundo

El grupo LEGO® empezó con la creencia de Kristiansen de que "sólo lo mejor es satisfactorio". Con el tiempo, el pequeño bloque de plástico se adueñaría del mundo.

Bloques iniciales

Kristiansen nació en el poblado de Filskov, Dinamarca en 1891. Cuando terminó la escuela, se hizo **carpintero** e inició su propio negocio. Construyó casas, e hizo escaleras y tablas para planchar, pero **también hacía juguetes**, incluyendo trenes, coches y patos. En 1934, nombró su compañía LEGO, a partir de las palabras danesas *leg godt*, o **JUGAR BIEN**.

Por cierto...

En 1949, lancé los "bloques de unión automática" pero fue hasta 1958 que mi hijo, Godtfred Kirk Kristiansen, inventó el bloque de LEGO que conocemos hoy.

No lo hubiera logrado sin...

El **PRIMER JUEGO DE BLOQUES PARA ARMAR** *era de madera y lo hizo el educador alemán* **FRIEDRICH FROEBEL** *(1782-1852) en 1840.*

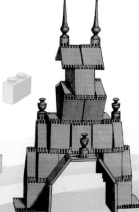

JESSE *(1858-1930) y* **CHARLES CRANDALL** *(1833-1905), de E.U. hicieron los primeros bloques* **ACOPLABLES** *en 1860.*

Emoción por la construcción

Los bloques de LEGO podían **INTERCONECTARSE**, por lo que se podían construir toda suerte de figuras emocionantes. Después del lanzamiento de los bloques coloridos de plástico, se trabajó intensamente para mejorarlos. En 1955, el Grupo Lego produjo el "**Sistema de juego LEGO**" enfocado en las posibilidades infinitas del bloque. Incluso produjeron una *versión para pequeños* llamada el LEGO® DUPLO®.

Lego conquista el mundo

Los primeros juegos de LEGO se vendieron en E.U. en 1961 y poco después estuvieron **a la venta en todo el mundo**. En 1977, salió LEGO Technic, para niños mayores. Actualmente, existen juegos que permiten construir los vehículos y personajes favoritos de películas e incluso *robots programables*. La gente disfruta de juegos de LEGO por computadora y puede visitar los **PARQUES** de LEGOLAND.

Construyendo imaginaciones

Los bloques de LEGO le dieron a los niños una novedosa herramienta creativa y siguen siendo uno de los juguetes más populares del mundo. En 60 años, la compañía ha hecho 400 mil millones de piezas, o 62 piezas por cada persona en el planeta.

El número de bloques de LEGO que se venden al año podrían dar 5 vueltas alrededor del mundo.

En 1882, el alemán **FRIEDRICH RICHTER** *(1847-1910) popularizó los juegos de* **BLOQUES**.

Los **HERMANOS IVARSSON**, *fundadores suecos de* **BRIO** *en 1908, crearon trenes conectables de madera.*

MÚSICOS

Creando música con su IMAGINACIÓN

El compositor convierte un montón de garabatos en música tan poderosa que hipnotiza. Conoce algunos maestros de la magia musical.

El piano se inventó en Italia alrededor de 1700

Johann Sebastian Bach
(1685–1750)

De niño, Bach tenía una hermosa voz de soprano. A este alemán se le considera como uno de los **MEJORES COMPOSITORES** de todos los tiempos pero, en vida, fue más conocido como talentoso organista. Cien años después de su muerte se empezó a reconocer su *verdadera genialidad*.

Wolfgang Amadeus Mozart
(1756–1791)

Este **PRECOZ** austriaco empezó a componer música cuando tenía apenas cinco años. *Viajó por las cortes* de Europa a los seis años y, para cuando era un venerable anciano de catorce, ya había compuesto su primera ópera.

Peter Ilyich Chaikovsky
(1840–1893)

El compositor ruso Chaikovsky empezó a tomar lecciones de piano a los 5 años y **leía música mejor que su padre** a los 8. Su ballet *El Cascanueces* es un favorito de la época navideña y el *Lago de los Cisnes* es muy popular.

Ali Akbar Khan
(1922–2009)

Para este músico indio, las guitarras de seis cuerdas eran para cobardes, así que tocaba el instrumento indio de 25 cuerdas: el **SAROD**. Fue el *músico de la corte para un Maharajá* y se le acredita por atraer la atención del mundo a la música de la India.

El traste móvil diferencia al sarod de la guitarra

Toru Takemitsu
(1930–1996)

Este músico y compositor **AUTODIDACTA** originario de Japón unió el jazz, la música popular, la música clásica occidental y la música oriental. Compuso la música de más de **90 películas japonesas** pero se le conoce mejor en Occidente como compositor.

121

Elvis Presley

El REY del rock and roll

Elvis Presley fue un cantante, actor e ícono cultural. Protagonizó muchas películas y vendió más de mil millones de discos, por eso sus fans lo llaman el "rey".

Joven roquero

Elvis Aaron Presley nació en Tupelo Mississippi, E.U. en 1935. De niño ingresó a una **competencia de canto** y quedó en quinto lugar. Para su décimo cumpleaños le regalaron una **GUITARRA** aunque en realidad quería una bicicleta. Pronto empezó a llevar la guitarra a la escuela y tocaba y cantaba a la hora de la comida.

Un nuevo sonido

Su primer éxito "*That's alright*" se lanzó en 1954. La primera vez que se tocó en radio gustó tanto a la gente que el conductor la tocó una y otra vez durante dos horas. El sonido único que tomó prestado del blues tradicional y sus movimientos de baile **sacudiendo la cadera** eran diferentes a lo que se había visto o escuchado hasta entonces. Cuando Elvis murió en 1977, había vendido más de **600 MILLONES** de sencillos y álbumes.

Abrió camino para...

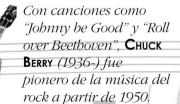

Con canciones como "Johnny be Good" y "Roll over Beethoven", **CHUCK BERRY** *(1936-) fue pionero de la música del rock a partir de 1950.*

Uh-hu-ha. Yes m'am

ELVIS PRESLEY

G·I·BLUES

A HAL WALLIS · JULIET PROWSE

Del verde militar a la pantalla de plata

Para 1956, Elvis aparecía ya en radio, televisión y cine. En 1957 lo reclutó el ejército y al regresar protagonizó la película **GI Blues**. Estelarizó **33 PELÍCULAS** e hizo historia con sus apariciones en televisión y conciertos en vivo que **rompieron todas las marcas**.

Por cierto...
Mis movimientos giratorios de cadera me ganaron el mote de "Elvis Pelvis". Este movimiento era "demasiado" para la TV y la cámara sólo podía filmarme arriba de la cadera.

Rey de reyes
Elvis tal vez cambió más la cultura popular estadounidense que ningún otro. Su música abrió camino para que más músicos negros se popularizaran. Millones de fans visitan "Graceland", su hogar en Memphis, E.U.

En la década de 1960, **Los Beatles** tomaron el rock and roll de Elvis Presley y Chuck Berry y lo reinventaron para volverse inmensamente populares.

No resulta demasiado complejo encontrar un **imitador de Elvis**. En la actualidad, existen más de 100 000 personas en el mundo que viven de imitarlo.

123

Aplaudamos...

Tal vez no entraron en los primeros 100, pero estas PERSONAS contribuyeron mucho a la HISTORIA BRITÁNICA.

Boudicca (ca. 30-60)

En el año 60 d.C., esta reina guerrera del pueblo celta *iceni* dirigió un levantamiento contra las fuerzas invasoras romanas e intentó, pero fracasó, sacarlos de Bretaña.

Guillermo el conquistador (ca. 1028-1087)

En 1066, el duque de Normandía derrotó al último rey anglosajón de Inglaterra. Se coronó rey e introdujo un poco de *je ne sais quoi* francés a la cultura, política y lengua inglesas.

Geoffrey Chaucer (ca. 1343-1400)

Los populares poemas de Chaucer, incluyendo los *Cuentos de Canterbury*, legitimaron el inglés escrito. De no ser así, quizá este libro se hubiera escrito en francés o en latín.

Isabel I (1533-1603)

En los buenos tiempos, tuvimos a la Reina Bess. Su época isabelina fue la era dorada de la historia inglesa e incluyó la derrota de la armada española en 1588.

Sir Walter Raleigh (1554-1618)

El explorador favorito de la Reina Isabel I. Raleigh navegó a América y dio fondos para la primera colonia allá. No duró mucho, pero sí trajo papas a su regreso. Imagina la vida sin ellas...

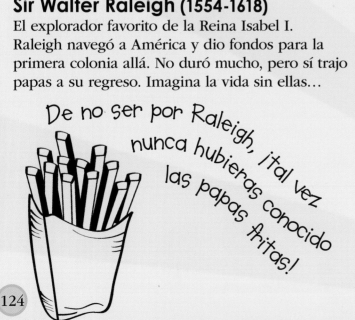

De no ser por Raleigh, ¡tal vez nunca hubieras conocido las papas fritas!

Francis Bacon (1561-1626)

La ciencia solía ser pura plática y, para descubrir la verdad, los sabios sólo debatían ideas. Sin embargo, Bacon sostuvo que la ciencia debía comprobarse con evidencias reales.

Oliver Cromwell (1599-1658)

En 1649, Carlos I fue derrocado en la Guerra Civil Inglesa. El rey perdió la cabeza y el líder político y militar, Cromwell, gobernó Inglaterra como república de 1653 a 1658.

Sir Christopher Wren (1632-1723)

Cuando Londres ardió en el Gran Incendio de 1666, el arquitecto Christopher Wren rediseñó la nueva catedral de San Pablo y muchas otras iglesias que siguen en pie el día de hoy.

Adam Smith (1723-1790)

Este filósofo escocés es considerado el padre de la economía moderna y del capitalismo. Según él, el libre mercado proporciona el mayor bienestar para la sociedad en general.

Capitán James Cook (1728-1779)

El Capitán Cook fue el primer europeo en llegar a Australia. Hizo una escala en Hawái y Nueva Zelanda en el camino. Llegó a la costa oriental de la isla en 1770 y formó ahí una colonia.

Sir Richard Arkwright (1732-1792)

Arkwright, creador de pelucas, se dedicó a inventar cuando éstas pasaron de moda. Resultó muy bueno y sus máquinas giratorias fueron cruciales para la Revolución Industrial.

Olaudah Equiano (1745-1797)

Esclavizado de niño en África, Olaudah compró su libertad y se convirtió en una de las figuras más importantes del movimiento británico por la abolición de la esclavitud.

Isambard Kingdom Brunel (1806-1859)

Brunel, maestro de ingeniería, revolucionó el transporte público en la era victoriana con fantásticos puentes, buques, túneles y la primera línea férrea británica.

Charles Dickens (1812-1870)

En sus novelas, Dickens atrajo la atención a diversos problemas sociales como la pobreza y creó muchos personajes coloridos incluyendo a Scrooge, el Artero Perillán y Oliver Twist.

John Snow (1813-1858)

En 1854, Snow localizó la fuente de la mortal enfermedad, el cólera. La gente pensaba que la contraía al respirar "aire malo" pero él demostró que se debía al consumo de agua contaminada.

David Livingstone (1813-1873)

Misionero y médico escocés, David Livingstone fue uno de los más importantes exploradores europeos de África en el siglo XIX y publicó los horrores del comercio de esclavos.

Joseph Bazalgette (1819-1891)

El ingeniero Bazalgette creó la primera red de drenaje de Londres en la década de 1860. Liberó a la ciudad de las epidemias de cólera y de muchas cosas y olores desagradables.

James Starley (1831-1871)

Starley echó a andar la industria de la bicicleta. Sus innovadores inventos, que incluían engranes, rayos de metal y cadenas, crearon la bicicleta moderna y desde entonces hemos estado pedaleando.

El Penny Farthing fue la primera máquina conocida como "bicicleta"

Sra. Beeton (1836-1865)

La Sra. Beeton fue la diosa doméstica original. En 1861, escribió *El libro de economía doméstica de la Sra. Beeton*, que llegó a convertirse en un libro de cocina muy exitoso.

Elizabeth Garrett-Anderson (1836-1917)

Elizabeth luchó contra los prejuicios y se convirtió en la primera doctora titulada calificada. Fundó el Nuevo Hospital para Mujeres en Londres y abrió camino para otras doctoras.

Howard Carter (1874-1939)

Howard Carter cavó su camino a la fama. En 1922 descubrió la tumba de Tutankamón, la tumba faraónica mejor conservada a la fecha, en el Valle de los Reyes, en Egipto.

Tutankamón era tan sólo un niño cuando ascendió al trono en 1333 A. C.

Sir Winston Churchill (1874-1965)

Conocido como el Bulldog Inglés, Churchill fue primer ministro de Gran Bretaña de 1940 a 1945, llevando al país a la victoria durante la Segunda Guerra Mundial y convirtiéndose en héroe nacional.

William Beveridge (1879-1963)

Este economista delineó el sistema de asistencia del gobierno laboral tras la Segunda Guerra Mundial. Esto proporcionó atención médica gratuita para todos y el pago de beneficios para los pobres.

James Goodfellow (1937-)

Goodfellow inventó el cajero automático (ATM por sus siglas en inglés) y los NIP en la década de 1960, y la gente ahora puede retirar dinero en cualquier momento.

Stephen Hawking (1942-)

Hawking es un físico y cosmólogo cuyos libros y presentaciones han explicado al público en general temas complejos como los agujeros negros y la teoría del Big Bang.

J.K. Rowling (1965-)

Rowling provocó un fenómeno editorial y una obsesión con los magos con sus libros de Harry Potter, entreteniendo a millones de niños (y adultos) en el mundo.

Glosario

Antibiótico
Una droga medicinal que mata o frena el crecimiento de las bacterias y otros microorganismos.

Antiséptico
Una sustancia que previene el crecimiento de organismos que pueden provocar enfermedades.

Apartheid
Una política de segregación racial que aplicaba el gobierno sudafricano de 1948 a 1994.

Arqueología
El estudio de la historia a través del análisis de sitios de excavación y sus restos.

Astronomía
El estudio de la ciencia relacionada con el espacio, los planetas y el Universo.

Bacterias
Organismos unicelulares, algunos de los cuales pueden causar enfermedades.

Bolcheviques
Una facción dentro del Partido Socialdemócrata Ruso que en 1918 se convirtió en el Partido Comunista.

Código binario
Un sistema que utiliza los dígitos 1 y 0 para representar un número, una letra o un carácter.

Colonia
Un territorio bajo el control político de otro país, por lo general ocupado por colonos de esa nación.

Comunismo
Un sistema de gobierno en el cual el estado controla la economía y los bienes se comparten equitativamente.

Constitución
Un conjunto de leyes que determinan los principios políticos de un gobierno.

Democracia
Un gobierno elegido por el pueblo.

Derechos civiles
Los derechos de los ciudadanos a ser iguales social y políticamente.

Elemento
Una sustancia en la cual todos los átomos son los mismos y que no puede separarse con otra sustancia.

Emprendedor
Un individuo que se arriesga financieramente para administrar un negocio.

Evolución
La teoría sobre cómo se adaptan las especies a su entorno a lo largo del tiempo.

Física
El estudio de la ciencia relacionado principalmente con la materia y la energía.

Fósil
Los restos de lo que fuera un animal o planta encontrados en las rocas.

Genética
Una rama de la biología que explora la herencia y cómo se transmiten las características a través de las generaciones.

Guerra Fría
Periodo de hostilidad (1946-1991) entre las naciones comunistas (lideradas por la Unión Soviética) y las naciones capitalistas (lideradas por los E.U.) pero que nunca llegó a la guerra.

Herejía
El acto de tener opiniones que van en contra de los dogmas de fe establecidos por una religión.

Iluminación (budismo)
El estado de conocimiento espiritual que libera a una persona del ciclo de reencarnación.

Imperio
Un grupo de países bajo un mismo mando político o militar.

Mártir
Una persona que muere por negarse a renunciar a sus creencias religiosas.

Meca
Esta ciudad en lo que hoy es Arabia Saudí es el centro espiritual del islam.

Microchip
Un componente de la computadora que se usa para realizar un rango de funciones electrónicas.

Moralidad
Creencias basadas en los principios de lo que está bien y lo que está mal.

Navegador
Programa de computadora que le permite a la gente encontrar, ver y navegar entre diferentes sitios o páginas web.

Patente
Los derechos exclusivos que tiene un inventor o compañía para utilizar un proceso o invento específico.

Psicología
El estudio científico de la mente y del comportamiento humano.

Química
El estudio de la ciencia relacionada con las sustancias y la forma en que interactúan, cambian y se combinan.

Renacimiento
Un periodo entre los siglos xiv al xvi en Europa durante el cual resurgió el interés por las artes y las ciencias.

Revolución
Derrocamiento de un gobierno o sistema político que por lo general se da por la fuerza.

Santo
Una persona reconocida por la iglesia como alguien excepcionalmente virtuoso.

Servidor
Una computadora, o un software en ésta, que brinda servicios a otras máquinas conectadas a ella a través de una red.

Sufragio
El derecho a votar en una elección política.

Vacuna
Tratamiento médico preventivo que evita que se contraiga una enfermedad.

World Wide Web
Un conjunto interconectado de documentos hipervinculados en internet.

Índice

A

Alejandro Magno 60, 80-81
Anning, Mary 28
Aquino, Tomás de 61
Aristóteles 60-61,80
Arkwright, Richard 124
Arquímedes 12
Aung San Suu Kyi 75, 101
Averroes 61

B

Babbage, Charles 52
Bach, Johann Sebastian 120
Bacon, Francis 124
Baird, John Logie 47
Bazalgette, Joseph 125
Beatles, los 123
Beeton, Sra. 125
Bell, Alexander Graham 40
Benz, Karl 50
Berners-Lee, Tim 54
Berry, Chuck 122
Beveridge, William 125
Birdseye, Clarence 44
Bolívar, Simón 94
Boudicca 124
Boyle, Robert 16
Brahe, Tycho 13
Branson, Richard 111
Brunel, Isambard Kingdom 125
Buda, Gautama 70

C

Cai Lun 32
Calvin, John 93
Cannizzaro, Stanislao 17
Carlomagno 84-85
Carothers, Wallace 39
Carter, Howard 125
Castro, Fidel 95
Catalina la Grande 87
César, Augusto 82-83
César, Julio 82, 83, 86
Chaikovsky, Peter Ílyich 121

Chanel, Coco 116
Chaucer, Geoffrey 124
Churchill, Winston 125
Cleopatra 86
Colón, Cristóbal 10-11
Confucio 58-59
Cook, James 124
Cook, Thomas 110-111
Copérnico, Nicolás 13-61
Crick, Francis 26-27
Cromwell, Oliver 124
Curie, María 24

D

Daimler, Gottlieb 51
Dalai Lama 101
Darwin, Charles 18-19
Demócrito 16
Deng Xiaoping 102
Descartes, René 14
Dickens, Charles 125
Disney, Walt 112-113
Durand, Peter 44

E

Eastman, George 39
Edison, Thomas 41, 50
Einstein, Albert 22-23
Equiano, Olaudah 124
Erasmo, de Rotterdam 92
Eriksson, Leif 11

F

Faraday, Michael 37
Fernando e Isabel de España 10
Fleming, Alexander 21
Ford, Henry 50-51
Fossey, Dian 77
Franklin, Rosalind 27
Freud, Sigmund 63

G

Gagarin, Yuri 49
Galilei, Galileo 12-13, 61
Gama, Vasco da 11
Gandhi, Mahatma 69, 100-101, 105
Garrett-Anderson, Elizabeth 125
Gengis Kan 88-89

Goodall, Jane 76-77
Goodfellow, James 125
Goodyear, Charles 38
Gorbachov, Mijaíl 103
Guevara, Che 95
Guillermo el Conquistador 124
Gutenberg, Johann 33

H

Hamilton, Alexander 99
Hatshepsut 86
Hawking, Stephen 125
Hipócrates 20

I, J

Ibn Battuta 9
Isabel I, Reina 124
Jefferson, Thomas 59
Jenner, Edward 20
Jesús 70
Jobs, Steve 52-53
Juana de Arco 66-67

K

Kahlo, Frida 115
Kepler, Johannes 14
Khan, Alí Akbar 121
King, Martin Luther 68-69, 100
Kristiansen, Ole Kirk 118
Kroc, Ray 45
Kublai Kan 8, 89

L

Laker, Freddie 111
Lamarck, Jean-Baptiste 18
Lavoisier, Antoine 17
Lenin, Vladimir 62, 95, 103
Leonardo da Vinci 114
Lincoln, Abraham 68
Linnaeus, Carl 18
Lister, Joseph 21
Livingstone, David 125
Lu Xun 109
Lutero, Martín 92-93

M

Maathi, Wangari 43
Magallanes, Fernando 11

Malthus, Thomas 19
Mandela, Nelson 100, 104-105
Mao Tse-Tung 95
Marco Antonio 83, 86
Marconi, Guglielmo 46
María Teresa, Emperatriz de Austria 87
Marx, Karl 62-103
Mendel, Gregor 26
Mendeleiev, Dimitri 16-17
Mohamed 71, 90
Mozart, Wolfgang Amadeus 120
Muir, John 76

N, O

Nanak, Guru 71
Napoleón Bonaparte 85, 96-97
Newcomen, Thomas 34
Newton, Isaac 14-15
Nobel, Alfred 42-43
Noyce, Robert 53
Ogilvy, David 117

P

Pankhurst, Emmeline 72-73
Parks, Rosa 68-69
Pasteur, Louis 20
Picasso, Pablo 115
Polo, Marco 8, 10
Presley, Elvis 122-123
Ptolomeo (astrónomo) 12-61
Ptolomeo I, faraón de Egipto 81
Pushkin, Aleksander 109

R

Raleigh, Walter 124
Revere, Paul 99
Ricardo Corazón de León 91
Robespierre, Maximiliano 94, 96
Rodin, Auguste 114
Roentgen, Wilhelm 21
Rómulo y Remo 82

Roosevelt, Eleanor 74
Rowling, J.K. 125
Rutherford, Ernest 25

S

Saladino 90-91
Seacole, Mary 64
Shakespeare, William 108
Sisulu, Walter 105
Smith, Adam 124
Snow, John 125
Spencer, Tracy 45
Starley, James 125
Stephenson, George 34
Strauss, Levi 38

T

Takemitsu, Toru 121
Tambo, Oliver 105
Teofrasto 60
Teresa, Madre 65
Trevithick, Richard 34
Turing, Alan 52
Tutu, Desmond 104

V

Van Gogh, Vincent 115
Victoria, Reina 87
Volta, Alessandro 36
Voltaire 108

W, Z

Wallace, Alfred Russel 19
Washington, George 98-99
Watson, James 26-27
Watt, James 34-35
Whittle, Frank 49
Wollstonecraft, Mary 72
Woolf, Virginia 109
Wozniak, Steve 52-53
Wren, Christopher 124
Wright, Wilbur y Orville 48-49
Zuckerberg, Mark 55

Reconocimientos

A DK LE GUSTARÍA AGRADECER A:
Ed Merritt por crear los mapas. A Liz Moore por la investigación adicional de imágenes. A Jackie Brind por el índice y a Carron Brown por la revisión. A toda la gente del Grupo LEGO y a Sarah Harland en DK por su ayuda en la sección de "Ole Kirk Kristiansen", y a la profesora Denise Cush por sus atinados comentarios sobre la sección de "Líderes religiosos".

EL EDITOR DESEA AGRADECER A TODOS LOS LISTADOS A CONTINUACIÓN POR EL PERMISO DE REPRODUCIR SUS FOTOGRAFÍAS:
Clave: a–arriba; b–debajo/inferior; c–centro; f–extremo; l–izquierda; r–derecha; t–superior

akg-images: 32tr; **Alamy images:** Ancient Art & Architecture Collection Ltd / Kadokawa 89bc; Archive Pics 49tr, 51cla; Art Directors & TRIP 60br; The Art Gallery Collection 18br, 72fbl, 84-85b; Pat Behnke 119tr; Matthew Chattle 118cr; GL Archive 87cl; Tim Graham 64tr, 64cl; Interfoto 82clb, 93br, 118bl; James Osmond Photography 82bl; Jeff Morgan 13 117br; Michael Jenner 82br; Mark LaMoyne 117fcl; Lebrecht Music and Arts Photo Library 17bl, 72br; Lordprice Collection 58bl; Mary Evans Picture Library 59tl, 65cr, 83br, 86br, 91c; Moviestore Collection Ltd. / Disney SSNW 010FOH 113tc; Nitschkefoto 118clb, 118cb, 118fcr, 119clb; North Wind Picture Archives 33cr, 33bc, 82tr, 83bl, 90tr, 92bl; Christine Osborne / World Religions Photo Library 71br; Photo Researchers 19bc; Photos 12 / Oasis 97bl; Pictorial Press Ltd 52br, 121cr; Maurice Savage 119crb; Robert Stainforth 83cra; Stella / Imagebroker 119cl; stu49 53bl; Gary Woods 117c (horno); World History Archive 13crb, 36cra, 37cr, 85tl, 85clb. **The Art Archive:** 46ca; Biblioteca Nazionale Marciana Venice / Gianni Dagli Orti 84cl; Bibliothèque Nationale Paris 89cl. **Atticpaper.com:** 118br. **benidormytu.com:** 110br. **The Bridgeman Art Library:** Galleria degli Uffizi, Florence, Italy 114tl; Mentz, Albrecht (Siglo xv) (después) / Bibliotheque Nationale, Paris, France 33c; Museo Archeologico Nazionale, Naples, Italy / Giraudon 80cr; Private Collection 28cra, 97cl; Private Collection / Look and Learn 34c; Private Collection / The Stapleton Collection 67tc; The Stapleton Collection 86c; Private Collection / Ken Welsh 81cb. **CERN:** 54tr. **Corbis:** 3, 17tl, 21cl, 35cra, 59br, 103bl; Henny Ray Abrams / Reuters 111br; Albright-Knox Art Gallery 115br; Bettmann 12cl, 19tl, 21tl, 21cr, 22cra, 24cl, 25tl, 38tr, 48bl (orville), 48bl (wilbur), 48br, 49tl, 49tc, 58br, 63clb, 63fcla (freud), 73bc, 76clb, 82-83c, 98br, 99tr, 99bl, 99br, 109cl; Stefano Bianchetti 61cr, 85cra; Car Culture 50tr, 50c, 50ftr, 50-51c, 51tl, 51tl (convertible), 51tc, 51ftl; China Photos / Reuters 102br; Dean Conger 89br; Alfredo Dagli Orti / The Art Archive 91br; Pascal Deloche / Godong 70br; DLILLC 77tr; EPA / Everett Kennedy Brown 75cl; The Gallery Collection 20br, 88cra; Lynn Goldsmith 122bc; Heritage Images 19tr; Heritage Images / Ann Ronan Picture Library 108c; Yves Herman / Reuters 43tr; Hulton-Deutsch Collection 72-73cb; Jon Hursa / EPA 105cla; Kim Kulish 55tl; Lebrecht Authors / Lebrecht Music & Arts 109tr; Lebrecht Music & Arts 98cl; Lester Lefkowitz 43bc; Barry Lewis / In Pictures 88tr; Library of Congress - digital version / Science Faction 48cl; John Marian / Transtock 117cl; Michael Ochs Archives 122cla, 123cla, 123bl; Newton / PoodlesRock 15tl; Michael Nicholson 62br, 95bl; Richard T. Nowitz 123br; Ocean 25br; PoodlesRock 85bl; The Print Collector 99tl; Reuters / Apichart Weerawong 75tr; Reuters / Paul Yeung 102tl; Flip Schulke 69cl; Stapleton Collection 58cr; Jim Sugar 111bl; Sunset Boulevard 122crb; Swim Ink 62tl; Swim Ink 2, LLC 95cr; Frank Trapper 104br; David Turnley 104clb; Peter Turnley 103tr; Penny Tweedie 77cl; Underwood & Underwood 73tr, 116tl; Ivan Vdovin / JAI 91bl; Kimberly White / Reuters 52c; Adrianna Williams 53cl (iphone). **Dorling Kindersley:** The British Museum 88c, 88crb, 88fcrb, 89fcl; The Science Museum 52bl; The Science Museum, London 35c, 36br (pila voltaica), 41c, 46cb. **Dreamstime.com:** 74tl, 74tc, 74c; Petrisor Adrian 76bl, 76fbr, 77fbr; Alohashaka82 29c, 29bl, 29fcrb; Andrey Armyagov 76cr (ropa); Badlatitude 66cr;Gary Bass 112bl; Raynald Bélanger 66-67b, 67cb; William Berry 47cl (palomitas); Cammeraydave 74cr (madera); Gino Crescoli 11crb; Deckard73 117c (libro); Dedmazay 125fcra; Evgeny Dubinchuk 14cb; Henri Faure 74cr (silla); Michael Flippo 68cr (3rd mic); Frenta 70-71; Martin Haas 68cr (2nd mic); I3alda 27cr; Joingate 46tc, 46cla, 46c (al fondo), 46ftl; Ke77kz 89crb; Sabri Deniz Kizil 10fbl; Jacques Kloppers 75crb (sandalias); Konstanttin 96-97c (pergamino); Jakub Kostal 76cr (cámara); Krakus324 66-67 (flechas); Connie Larsen 112cb; Olga Lyubkin 14cl (manzana); Olira 117clb; Mohamed Osama 68cr (madera); Riccardo Perrone 96-97c (mapa); Ragnarock 29cra; Rambleon 101c; Rceeh 68cr (4th mic); Relato 68bl; Samy .g 75tl, 75bc, 75br; Sjgh 47tc, 47tr, 47cra, 47c; Sofiaworld 75cr (patrón); Jeremy Swinborne 47cl (tv); Maciej Szubert 67tl; Milos Tasic 14cl (silla); Christophe Testi 112cr (lápiz); Timurock 116c (al fondo), 116bl, 116bc; Andrzej Tokarski 29fcr; Gianni Tonazzini 113cl; Yael Weiss 27bl (vidrio amplificador); Kevin Woodrow 29cr; Yarmalade 100bl, 101bl, 101br; Yinghua 100crb; Zabiamdeve 113crb; Zash 26cb. **Flickr:** 7E55E-BRN 53tc. **Fotolia:** 3d world 86c (cuadro), 87tr (cuadro), 87br (cuadro); Algol 90fcr; Alperium 8crb; Apops 33clb; Auris 24cra; Beboy 23bl; Bloomua 52c (tableta); Franck Boston 55cra; Gregor Buir 52-53b (al fondo); Derya Celik 80tl; HD Connelly 4-5 (foco), 30-31, 38tc (foco), 41tc, 41tr, 41c (al fondo), 41ftl; Danussa 61cl (pez), 61clb; Designer_Andrea 100-101c; Devilpup 36br (manos); Jamalludin din 8clb (papalotes); Lev Dolgatsjov 63fcla; Electriceye 123tl; Emily2k 38tl; Enens 62cl; Extezy 108bl; Fakegraphic 4-5 (barco); Igor Fjodorov 39cl; Paul Fleet 23tr, 37br; Google 65clb; Kheng Guan Toh 45bl; Hallgerd 111tl; Heywoody 93cl; Hfng 102cl, 102fcl; Adrian Hillman 104-105b; iNNOCENt 63br (gato); Irochka 61tl (pergamino); Kalim 18cl (cuadro); Kayros Studio 63b (sofa); Andrey Kiselev 36br (cuerpo); Kjolak 80cla; Klipart.pl 45cl; Georgios Kollidas 123crb; Dariusz Kopestynski 9cr; Ralf Kraft 8cr; LaCatrina 52-53c (botón); Paul Laroque 22bl, 43c; Lazypit 112t, 113t; Leks_052 82cr; Leremy 124bl; Lineartestpilot 44cr; Luminis 49bl; Magann 91cr; Anatoly Maslennikov 63cla, 63ca; Mircea Maties 81cra; Bram J. Meijer 8cb (fuegos artificiales); Mipan 22clb, 34ftr, 110crb, 111c; Alexandr Mitiuc 23br; MM 32cr; Igor Nazarenko 98tl; Ooz 4-5 (cerebro), 23cb, 56-57; Patrimonio Designs 44bl; Andrejs Pidjass 80cra (brazo), 80c (brazo); Regisser.com 32fcr; Rixx 108c (cuadro), 108br (cuadro), 109tr (cuadro), 109cl (cuadro), 109br (cuadro); Rolffimages 92tr; Sabphoto 37fcrb; Sellingpix 85clb (pasto); Silavsale 68cr (podio); Alexander Spegalskiy 90crb; StarJumper 22-23t; Statsenko 22br; Sandra van der Steen 13fcla, 60cr (mano); James Steidl 99cl; Studiogriffon.com 82-83b; Stephen Sweet 49br; John Takai 61tl (ballena), 81fcrb; Tombaky 25c (al fondo); Tomislav 68cr (1st mic); Valdis Torms 25clb, 38tc (pin), 38clb, 39cb, 39ftr, Tomasz Trojanowski 53cl (cuerpo); Unpict 12fcra, 13cla; Pavlo Vakhrushev 8cb; Rui Vale de Sousa 52cr; Sergey Vasiliev 37cb (mano); Vege 98tr; Vlorzor 33cl; Slavcho Vradjev 8bc; VRD 8clb, wenani 98-99b; Bertold Werkmann 86br (cuadro), 87cl (cuadro). **fotoLibra:** Ime Udoma Ufot 45tl. **Getty Images:** AFP 69tr; AFP Photo / Walter Dhladhla 100br; Apic / Hulton Archive 17br, 23tl, 24tr, 60clb, 65bl, 97tr, 104c, 120cl; Archive Photos 116cl (blusa); Archive Photos / Stringer 80bc; Erich Auerbach / Hulton Archive 121clb; Bachrach / Archive Photos 45cr; Mathew Brady / Archive Photos 68br; The Bridgeman Art Library / After Nicholas de Largilliere 108br; The Bridgeman Art Library / Antoine Jean Gros 96cl; The Bridgeman Art Library / French School 90cl; The Bridgeman Art Library / Gaston Melingue 20cl; The Bridgeman Art Library / Vincent van Gogh 115tr; Central Press / Hulton Archive 26cra; China Span / Keren Su 58cra; Don Cravens / Time & Life Pictures 69bl; G. Dagli Orti / De Agostini 91tr; DEA / Veneranda Biblioteca Ambrosiana 84bl; Walter Dhladhla / AFP 105tr; Digital Vision 15bc; Digital Vision / Alexander Hassenstein 13clb; Emmanuel Dunand / AFP 101fbr; Evening Standard / Hulton Archive 67br; Express 26ca; Silvio Fiore 8tr; Flickr / Roevin 90bl; Fotosearch 38bl; Bill Hogan / Chicago Tribune / MCT 116br; Hulton Archive 11br, 12br, 16br, 18cl (barco), 19bl, 26bl, 42br, 44br, 47tl, 61br, 66br, 67bl, 81bc, 81br, 92cl, 92cr, 96bc; Hulton Archive / Archive Photos 1bl, 10fbr, 10-11, 41tl, 112cr (cuerpo); Imagno 80br; Imagno / Hulton Archive 11bc, 14br, 96cr; Kean Collection 96cra; Kean Collection / Hulton Archive 61bl; Keystone Features / Hulton Archive 13bl; Keystone-France / Gamma-Keystone 72-73ca; Alvin Langdon Coburn / George Eastman House / Archive Photos 76br; Leemage / Universal Images Group 92br; Frederic Lewis 39bl; David Livingston 53tl; Francois Lochon / Gamma-Rapho 64br; Lonely Planet Images / Anders Blomqvist 70cl; Steve McAlister 32cl; Michael Ochs Archives 68tr; MIXA 40cr, 112cr (piernas); Museum of the City of New York / Byron Collection 41bl; National Geographic / Michael Poliza 76crb; New York Daily News Archive 101tr; OFF / AFP 68cr (cuerpo); OJO Images 47cl (pantalones); Photographer's Choice / Ian McKinnell 15c (planetas); Photographer's Choice / Peter Dazeley 27bl (adn); PhotoQuest 51tr; Photosindia 64cr; Popperfoto 14cla, 67cr, 112tr; Andreas Rentz 54cl; Science Faction / Library of Congress 39tr; J. Shearer / WireImage 76tr; Howard Sochurek / Time & Life Pictures 58cl; SSPL 12clb, 14bc, 34bc, 35bl, 40c, 43tl, 44cl, 47cr, 53br, 112br, 113br; SSPL / Hulton Archive 47bl; Stock Montage 46tr, 74tr, 93bl; Stock Montage / Archive Photos 1cb, 11cl; Stone / Microzoa 74cr (cuerpo); Justin Sullivan 52tr; SuperStock 93tl, 93cra, 99cla, 120crb; Bob Thomas / Popperfoto 10bc; Time & Life Pictures / Howard Sochurek 100bc; Time & Life Pictures / Loomis Dean 67cl; Time & Life Pictures / Mansell 13br, 40bl, 69bc, 100cr; Time & Life Pictures / Neil Selkirk 77br; Time & Life Pictures / Stan Wayman 68clb; Time & Life Pictures / Wallace Kirkland 100tr; Tom Stoddart Archive / Hulton Archive 101bc; Universal History Archive / Hulton Archive 1cb (cabeza), 10br, 11tl, 12cr, 13tl, 14cl (cuerpo), 15clb, 24br, 26cr, 40tr, 42cl, 42crb, 46cr, 53tr, 60bl, 66clb, 67fcla, 87br, 96br, 97br; Universal Images Group / Leemage 84bc, 85br. **NASA y el Hubble Heritage Team (AURA/STScI):** 15br. **The Kobal Collection:** Paramount 123tr. **Mary Evans Picture Library:** 65cl. **The Natural History Museum, Londres:** 28bl. **The Nobel Foundation:** 42bl. **Press Association Images:** Polfoto 118tr. **Rex Features:** Everett Collection 117tl. **Peter Sanders:** 71tl. **Photo Scala, Florencia:** White Images 88bc. **Science Photo Library:** 32br; Des Bartlett 29tr; John Reader 29clb; Science Source 27tc; Paul D. Stewart 28cl; Barbara Strnadova 29ca; Sheila Terry 34tr. **SuperStock:** 11tr; Bridgeman Art Library 115cl; Fotosearch 86br. **Thomas Cook Archives:** 110cl, 111tr. **TopFoto.co.uk:** 73c, 111cla; AP 105br; UPP 110bl. **U.S.F.W.S:** 77bc. **Wikipedia:** 12bl, 16bl, 18bl, 26bc, 48c, 50bl, 50br, 51br, 59bl, 72bl, 73bl, 87tr, 88br, 97crb, 104bl, 105bl, 109br, 121tl; Thenobleageofsteam 119bl.

CRÉDITOS DE CUBIERTA
FRENTE: Alamy Images: Archive Pics bc (ford). **Corbis:** Bettmann fcra, ftr (orville), ftr (wilbur), ca; Car Culture bc (coche); The Gallery Collection fcla; Heritage Images / Ann Ronan Picture Library fclb; Jon Hursa / EPA cra; Robbie Jack fbl; Barry Lewis / In Pictures fcla (casco). **Dorling Kindersley:** The British Museum fcl (botas), fcl (cuchillo). **Getty Images:** Apic / Hulton Archive br; Imagno / Hulton Archive bc (catherine); Time & Life Pictures / Wallace Kirkland tc. **BACK: Corbis:** Shift Foto fcla. **Fotolia:** Auris cr (flask). **Getty Images:** Apic / Hulton Archive cr; Central Press / Hulton Archive ftr; Hulton Archive br; Hulton Archive / Imagno tl; Keystone-France / Gamma-Keystone clb; Photodisc / ICHIRO fcl; Stone / Yann Layma cl; Universal History Archive / Hulton Archive tr. **SPINE: Getty Images:** Apic / Hulton Archive t. **ENDPAPERS: Fotolia:** HD Connelly (foco); Fakegraphic (barco); Ooz (cerebro).

Todas las imágenes restantes © Dorling Kindersley. Información adicional en: www.dkimages.com